HEIMAT
VILSTAL

HEIMAT VILSTAL

Herausgegeben vom STS-Verlag-Velden, November 2007

STS-Verlag-Velden, Georg-Brenninger-Str. 22, 84149 Velden/Vils
www.heimat-vilstal.de verlag@heimat-vilstal.de

Titelbild: Blick über die Vils auf Loizenkirchen

ISBN 978-3-9811912-0-2

VORWORT

"Wer nichts beweist, der beweist unglaublich viel" - dieses Motto könnte als Leitgedanke des Vilstals gelten. Abseits der großen Touristenzentren des Bayerischen Waldes, der bayerischen Voralpen und des Ballungsraums München hat sich entlang dem etwa 100 Kilometer langen Tal zwischen Rott und Isar eine unverwechselbare Landschaft entwickelt.

Während die Globalisierung des 21. Jahrhunderts in vielen Teilen Deutschlands bereits deutliche Spuren hinterlassen hat, zählt das niederbayerische Vilstal noch zu den Regionen, in denen das Brauchtum und die Kultur nicht nur in glänzenden Werbeprospekten proklamiert werden, sondern noch lebendig sind. Ein aktives Vereinsleben, Traditionsbewusstsein, gemütliche Gaststätten und Biergärten, sowie naturnahe Erholungsgebiete sorgen für eine hohe Lebensqualität vor Ort.

Aus einem unscheinbaren Quellbach in einer Waldlichtung nahe Dorfen im Landkreis Erding wächst die Vils zu einem Fluss, der auf weiten Strecken seinen natürlichen Lauf beibehalten konnte. Im Herzen Altbayerns durchfließt sie die Landkreise Landshut, Dingolfing-Landau, Deggendorf und Passau, bevor sie bei Vilshofen in die Donau mündet. Neben den zahlreichen mäandrierenden Flussschleifen zählen die beiden Naturschutzgebiete "Vilstal bei Marklkofen" und "Vils-Engtal" bei Vilshofen zu den herausragenden Landschaften im Tal entlang der Vils.

Unter der Mitarbeit von 18 Redakteuren und 41 Fotografen entstand ein Buch, das die Gemeinden und Städte mit ihren touristischen und kulturellen Besonderheiten vorstellt. Es soll den besonderen Wert des Vilstals als abwechslungsreiche und interessante Kulturlandschaft herausstellen und den Leser auf eine ganz persönliche Entdeckungsreise hierher einladen.

Kläranlage
Bauhof

INHALT

Im Nebel ruht die Welt,
noch träumen Wald und Wiesen:
bald siehst Du, wenn der Schleier fällt,
den blauen Himmel unverstellt,
herbstkräftig die gedämpfte Welt
in warmem Golde fließen.

Eduard Mörike

NICHT DER FLUSS FLIESST,
SONDERN DAS WASSER.
NICHT DIE JAHRE VERGEHEN,
SONDERN WIR.

Hervé Bazin

NATUR

Das Vilstal - Heimat seltener Tiere und Pflanzen

Seite 18, links, ein fliegender "Edelstein" am Gewässer - der Eisvogel. Oben, der Dunkle Ameisenbläuling - eine europaweit vom Aussterben bedrohte Schmetterlingsart des Vilstals. Unten, die Sibirische Iris entfaltet ihre Schönheit.

Seite 19, der Biber in seinem Element - hervorragend angepasst kann er sogar Ohren und Nase beim Tauchgang schließen.

Natürliche beziehungsweise naturnahe Fließgewässer mit den dazugehörigen vielfältigen Auenbereichen gehören seit jeher zu den artenreichsten Lebensräumen Mitteleuropas. Die untrennbare Einheit von "Fluss und Aue" erfüllt eine ungemein bedeutende Funktion für den Naturhaushalt. Tiere und Pflanzen unterschiedlichster Arten fanden und finden im Vilstal geeignete Lebensräume. Durch die natürliche Dynamik der Vils unterliegen die "Partner" Fluss und Aue noch heute einem stetigem Wandel. Vom immer wiederkehrenden Wechsel zwischen Hoch- und Niedrigwasser, durch Abtrag und Verlandung werden Gleit- und Prallufer gebildet, es entstehen Sand- und Kiesbänke im Fluss. Durch den mäandrierenden Gewässerverlauf bilden sich so auch Altwässer.

Seit jeher düngen sich die Flächen der Vils im Einflussbereich des Hochwassers von selber auf natürliche Weise durch Überschwemmung auf und sind deshalb eher nährstoffreich und wüchsig. Auf diesen Auenstandorten entstehen bei "Nichteingreifen" des Menschen schnell natürliche Auwälder, überwiegend mit Weiden und Schwarzerlen bestockt. So sind in der Geschichte der Vils traditionell Lebensräume entstanden, aber auch durch natürlichen Wandel wieder verschwunden. Selbstverständlich hat der Mensch immer versucht, seinen Nutzen aus der Landschaft zu ziehen, so auch im Vilstal. Die fruchtbaren Auenböden sind von großer Bedeutung für die Landwirtschaft in dieser Region.

Der Strukturwandel der Landwirtschaft und die allgemeine, gerade aber nach dem Zwei-

NATUR

Seite 20, links, als eine der ersten Pflanzen blüht Ende April das Knabenkraut. Rechts, der Erlenbruchwald ist Heimat von seltenen Tieren und Pflanzen.

Seite 21, der Laubfrosch ist die einzige heimische Froschart, die aktiv auf Bäume und Sträucher klettern kann, daher auch der Name.

ten Weltkrieg schnell voranschreitende Mechanisierung haben auch vor dem Vilstal nicht Halt gemacht.

Vielerorts wurden nasse Auenflächen durch Drainagen und Grabensysteme entwässert, Seigen und Tümpel verfüllt, Auwälder gerodet oder mit standortfremden Gehölzen bepflanzt, Bereiche der Vils begradigt und durch Uferbefestigung verunstaltet. Zudem wurde die Vils für den Mühlenbetrieb systematisch aufgestaut, wobei die Fließgeschwindigkeit und damit die Selbstreinigungskraft stark abnahm.

Trotz dieser vielen für die Natur nachteiligen Entwicklungen beherbergt dieses Gebiet auch heute noch eine reiche Flora und Fauna. Vom stetigen Wechsel gebietstypischer Lebensraumelemente wie Fließgewässer, Gräben, Tümpel, Auwälder, Feucht- und Nassgrünländer, Röhrichte und Großseggenriede sind oftmals zwar nur noch Restelemente einer Auenlandschaft erhalten, die es jedoch unbedingt zu sichern und ökologisch weiter zu entwickeln gilt.

Die Vils als Fließgewässer ist Lebensraum einer reichhaltigen Fischfauna. Hechte, Zander, Karpfen finden sich ebenso wie der Bitterling, eine seltene Kleinfischart.

An den sommerlichen Ufern sind zahlreiche Libellen zu beobachten. Überwiegend kommen hier die Gebänderte- und Blauflügel-Prachtlibelle vor, aber auch Raritäten wie die Kleine Zangenlibelle. Mit Glück zeigt sich dem aufmerksamen Naturbeobachter ein wahres Juwel der heimischen Vogelwelt: Oft erst durch den schrillen Pfiff bemerkt, schießt pfeilschnell der wohl farbenprächtigste heimische Vogel flach über der Wasseroberfläche der Vils - der Eisvogel. Diese seltene Art benötigt natürliche Ufer-

Der Weißstorch ist auf dem Durchzug regelmäßig im Vilstal anzutreffen.

abbrüche, idealerweise direkt am Gewässer. Hier gräbt der nicht einmal starengroße Vogel seine bis einen Meter lange Brutwand.
Der Eisvogel ist als "Sichtjäger" auf relativ klares Wasser mit vielen Kleinfischen angewiesen, die er im Stoßflug meist von einer Warte aus erbeutet.
Durch seine Nagetätigkeit fällt ein anderes, seit wenigen Jahren wieder in seinen angestammten Lebensraum zurückgekehrtes Tier der Vils auf - der Biber.
Noch vor wenigen Jahrzehnten in ganz Deutschland fast ausgerottet, tritt die Art mittlerweile wieder regelmäßig auf. Als reiner Vegetarier frisst der Biber mit Vorliebe junge Knospen, Triebe und Kräuter. Vor allem im Winter fällt "Meister Bockert" jedoch auch Bäume mit über einem Meter Durchmesser.
In den Auwaldbereichen der Vils lebt eine reichhaltige Singvogelwelt. Gerade im Frühjahr gibt die erwachende Natur hier "erstklassige Vogelkonzerte". So ist von den höchsten Wipfeln alter Silberweiden man-

cherorts gar der flötende Ruf des versteckt lebenden Pirols zu hören. Besonders alte Bäume mit Totholz bieten mit ihren vielen Insekten und deren Larven einen reich gedeckten Tisch für heimische Spechte wie den Buntspecht.

Auf den weitgehend gehölzfreien, weiträumigen Wiesen des Vilstales ist eine andere Vogelgruppe beheimatet, die der Wiesenbrüter. Der bekannteste Vertreter dieser "Zunft" dürfte wohl der mit seinen akrobatischen Flugschauspielen und "kiewieet-Rufen" auffallende Kiebitz sein, der seinen Lebensraum mit den leider auch immer seltener werdenden Kollegen Großer Brachvogel, Bekassine, Wiesenpieper und Grauammer teilt. Auch der Weißstorch ist hier regelmäßig zu Gast.

Für diese Arten werden Anstrengungen zum Erhalt durchgeführt, wie beispielsweise wiesenbrüterfreundliche Bewirtschaftungsverträge mit Landwirten oder die Wiederherstellung von Biotopen. In feuchten Seigen und Gräben siedeln bedrohte Amphibien wie der Laubfrosch. Ebenso an das Wasser gebunden ist eine im Vilstal relativ häufige Reptilienart, die für den Menschen völlig ungefährliche Ringelnatter.

Auf den verbliebenen Feuchtwiesen sind teilweise botanisch wertvolle Restbestände von Knabenkraut, Trollblume und Sibirischer Schwertlilie erhalten, die es auf ihren wenigen Standorten durch angepasste Bewirtschaftung zu erhalten und zu mehren gilt.

Aufgrund seiner ökologischen Wertigkeit wurde das Tal der Großen Vils im Jahr 2004 als Schutzgebiet der Europäischen Union mit dem Titel "Vilstal zwischen Vilsbiburg und Marklkofen" an die EU gemeldet. Die Vils mit ihrer Aue soll so als wichtige Biotopverbundachse einen möglichst naturnahen Zustand wiedererlangen und eine Ausbreitung der dort angesiedelten Tier- und Pflanzenarten gefördert werden.

Fotos und Text: Helmut Naneder

Links, die Ruheplätze der Gebänderten Prachtlibelle liegen unmittelbar an fließenden Gewässern. Rechts, die Trollblume - diese Charakterart der Feuchtwiese ist heute nur noch selten zu finden.

FLUSSLAUF

Die Vils - ein Fluss, der sich zurecht macht, ein Fluss zu sein

Seite 24, links, der ursprüngliche Flusslauf mit einem Flutkanal. Oben, Flussschleife bei Rutting, nahe Gerzen. Unten, Auslassbauwerk des Vilstalstausees.

Seite 25, ursprünglicher Mäander-Flusslauf der Vils zwischen Aham und Frontenhausen.

FLUSSLAUF

Über weite Strecken schlängelt sich die niederbayerische Vils gemächlich in ausgeprägten Flussschlingen, so genannten Mäandern durch das Vilstal. Ihr Name könnte gemäß einer Vermutung auf die alte indogermanische Bezeichnung „Uilusa“ zurück gehen, was frei übersetzt so viel heißt wie „der Fluss, der sich erst zurecht macht, ein Fluss zu sein“ – weil er langsam fließt und sich fast ziert, als richtiger Fluss in Erscheinung zu treten.

Die über weite Strecken noch erhaltenen Flussschlingen machen die Vils im niederbayerischen Hügelland heute zu einer Besonderheit, deren Reiz viele Menschen zu schätzen wissen. Diese Flussmäander, die übrigens nach dem vielgewundenen Fluss Menderes in Anatolien benannt sind, gehen auf die Kräfte des fließenden Wassers zurück. Sobald die Strömung im Flussbett von der Flussmitte an die Seite abgelenkt wird, beginnt das Wasser dort zu „nagen“. Außenkurven werden auf diese Weise immer mehr ausgewaschen, während Innenkurven nach und nach anlanden. So entsteht diese für Flüsse mit geringem Gefälle typische Pendelbewegung – ein Prozess, der ständig im Gange ist ... sofern ihn der Mensch zulässt und nicht durch Gewässerbegradigungen und Uferverbauungen unterbindet.

Die Vils legt von der Quelle bis zur Mündung in die Donau eine Strecke von ca. 100 Kilometern zurück. Der Höhenunterschied zwischen Quelle und Mündung beträgt un-

fähr 200 Meter. Beide Oberläufe, die Große und die Kleine Vils entspringen in Oberbayern im Landkreis Erding. Erst ab deren Zusammenfluss bei Gerzen trägt der Fluss den Namen Vils. Während die Vils auf dem überwiegenden Teil ihrer Strecke als typischer Hügellandfluss in einem breiten Tal verläuft, ändert sich knapp 5 km vor der Mündung bei Vilshofen ihr Charakter grundlegend. Die Vils strömt hier durch ein enges Durchbruchstal, das sie sich durch das harte Gestein des Bayerischen Waldes gegraben hat. Vielen ist dies nicht bewusst: der Bayerische Wald beginnt bereits diesseits der Donau!

Auch wenn die Vils über weite Strecken noch ihren typischen Lauf mit vielen Flussschlingen aufweist, so ist auch an ihr der Gewässerausbau – in erster Linie zum Hochwasserschutz – nicht spurlos vorübergegangen. Vor allem unterhalb des Vilstalsees bei Marklkofen, einem großen Hochwasser-Rückhaltebecken, ändert sich der Eindruck des gesamten Vilstals. Während das Tal oberhalb des Stausees wegen der häufig auftretenden Überflutungen noch weitgehend von Wiesen geprägt ist, beherrschen unterhalb großflächige Äcker das Bild. Noch lange bevor der Vilstalsee zwischen 1972 und 1975 gebaut wurde, legten geschickte Wasserbauer parallel zur Vils Flutkanäle an, die das Hochwasser schnell ableiten sollten. In den Oberläufen der Großen und Kleinen Vils fallen diese Flutgräben eher bescheiden aus und dienen daneben als Sammler für die Entwässerungsgräben und Drainagen. Jedoch im Mittel- und Unterlauf ab Reisbach erreicht der Flutkanal aus der ersten Hälfte des 20. Jahrhunderts die Dimension der Vils. Durch die zusätzlich angelegten Deiche und die Rückhaltefunktion des Stausees werden die begleitenden Fluren nur mehr selten überschwemmt. Somit ist großflächige, im gesamten Talraum, Ackernutzung möglich geworden und bestimmt hier heute das Landschaftsbild. Das Vilstal genießt in diesem Abschnitt den Ruf, eines der größten Gemüseanbaugebiete Deutschlands zu sein.

Was die Vils selbst betrifft, so ist auch für diese ausgebauten Strecken hervorzuheben, dass die so genannte „Altvils“ in vielen Fällen noch parallel zum Vilskanal verläuft und nach wie vor ihre typischen Mäanderbögen aufweist. Es gibt daher auch im Mittel- und Unterlauf noch viele idyllische

Oben, Fischtreppe am Wehr in Aham. Unten, im Luftbild ist die zugefüllte Flussschleife am veränderten Bewuchsbild zu erkennen.

Abschnitte, die den ursprünglichen Flusslauf zumindest erahnen lassen. Welchen Herausforderungen sich die Flussbauer des letzten Jahrhunderts stellen mussten, wird einem beispielsweise bei Dornach vor Augen geführt. Hier wechselt die „Altvils“ von der einen auf die andere Talseite und quert dabei den deutlich tiefer liegenden Flutkanal. Die Vils musste daher mittels eines so genannten Dükers unter dem Kanal hindurch geleitet werden. Die Vils verschwindet vor dem Kanal im Untergrund und quillt auf der anderen Seite auf gleicher Höhe wieder empor.

Was den Wasserwirtschaftsbehörden allerdings heute zunehmend Sorge bereitet, ist das Phänomen, dass sich ein Fließgewässer nur „ungern“ in ein schnurgerade angelegtes Flussbett zwängen lässt. So versucht auch die im Flutkanal scheinbar gebändigte Vils nach wie vor, an allen Ecken und Enden zu „nagen“; denn von Natur aus „möchte“ sie auch hier allmählich wieder ihre typischen Flussschlingen ausbilden. Mit massiven und ständig zu unterhaltenden Bauwerken und Befestigungen muss dies künstlich verhindert werden. Die Unterhaltskosten für dieses Unterfangen steigen und steigen ...

Es könnte nun der Eindruck entstehen, dass der Mensch vor allem im 20. Jahrhundert massiv in den Flusslauf der Vils eingegriffen hat. Dies ist jedoch nicht der Fall. Bereits im Mittelalter, als die Nutzung der Wasserkraft im Vilstal Einzug hielt, veränderten die Menschen den Flusslauf in erheblichem Maße. Die Anlage von Mühlen erforderte den Bau von Wehren und Mühlkanälen. In einigen Fällen wurde der Flusslauf an den Talrand verlegt, um eine größere Absturzhöhe für die Mühle zu erreichen. Teils wurden per Hand völlig neue Gewässerstrecken angelegt und durch die Mühlen geleitet. Die Vils erfuhr somit bereits zu dieser Zeit massive Umgestaltungen und entwickelte sich von einem frei fließenden Hügellandfluss zu einem mehrfach angestauten, auf mehrere Flussarme aufgeteilten und vom Menschen in vieler Weise beeinflussten und genutzten Fließgewässer.

So führt einem auch die Vils, die bis heute an vielen Stellen zum „Naturgenuss“ einlädt, deutlich vor Augen, dass wir es keineswegs mit Natur im engeren Sinne zu tun haben, sondern mit einer typischen, in ständigem Wandel befindlichen Kulturlandschaft.

In jüngster Zeit erkennen die Menschen zunehmend, dass man den Bogen nicht überspannen sollte, sonst schlägt die Natur – zum Teil verbunden mit hohen Kosten – zurück. Und so bemüht man sich heute nicht nur um die Reinhaltung der Vils, sondern man macht sich sogar Gedanken, wie dem Fluss wieder mehr Platz zugestanden werden könnte, damit er einerseits seine Dynamik wieder „ausleben“ und andererseits mehr Hochwasser zurückhalten kann.

Berthold Riedel

Nach ca. 100 km Flusslauf fließt die Vils bei Vilshofen in die Donau. Auf den letzten Metern überqueren die Eisenbahnbrücke, die Stadtbrücke und die Brücke der B 8 die Vils.

GESCHICHTE

Brückenschlag über den Strom der Zeit

Im Vilstal gefiel es schon den frühen Neandertalern: Rund 120.000 Jahre alt sind jene Geräte wie Schaber aus Quarzitgestein, die man beim Kloster Schweiklberg gefunden hat. Niederbayern war damals eine Tundra: auch noch, als der "moderne Mensch", aus der "Menschheitswiege Afrika" kommend, den Eiszeiten trotzte: Im Gebiet der Vilsmündung fanden sich Spuren der Zeltlager von Altsteinzeit-Jägern (steinerne Widerhaken von Speeren z. B.), die hier vor ca. 25.000 Jahren Mammuts erlegten oder später, vor ca. 16.500 Jahren, Rentiere jagten.

Vor etwa 10.000 Jahren setzte ein gewaltiger Klimawandel ein: Die bis heute dauernde Warmzeit begann; Bäume und Sträucher kehrten zurück, aus einer Tundra verwandelte sich das Vilstal in einen Urwald. Um 5600 v. Chr. wanderten entlang der Donau die ersten Bauern ein, die Linienband-Keramiker, benannt nach ihren Gefäß-Verzierungen. In ihrem Reisegepäck hatten sie Saatgut, Rinder, Ziegen und Schweine - und in ihren Herzen große Hoffnungen für die Zukunft. Sie rodeten die Laubmischwälder und verwandelten das Vilstal in das, was es seither ist: blühendes Bauernland.

Die Auen dienten als Viehweiden. Bald reihte sich Dorf an Dorf: 6.000 Menschen lebten, so schätzen Forscher, damals im Vilstal. Sie bauten Ur-Weizensorten an: Verkohlte Einkorn- und Emmer-Körner aus Backöfen (Vilsbiburg) und Erdkellern (Gerzen) zeugen davon. Um 4800 v. Chr. erbauten Träger einer neuen Kultur große kreisförmige Kultstätten, die Tore richteten sie nach Sonne und Gestirnen

aus. Aus der ganzen Jungsteinzeit (5600-2200 v. Chr.) gibt es reiche Funde aus dem Vilstal: erste Nachweise der Fischerei (Netzgewichte: Aham, 4500 v. Chr.), Zeugnisse der Religion ("Venus von Aufhausen", 4000 v. Chr.) und Schmuck aus Goldblech und Golddraht (Aufhausen, 2400 v. Chr.).

In der Bronzezeit (2200-750 v. Chr.) war das Vilstal dicht besiedelt, wie Hügelgräber auf den Höhen und im Tal belegen. Bronzebeile (Geisenhausen) und Reste von Schwertern (z. B. Gerzen) spiegeln Reichtum und Kriege der Zeit wider, Gräberfelder mit z. T. riesigen Urnen (Geisenhausen), die Leichenbrand und Beigaben enthielten, markieren den Übergang in eine neue Epoche.

Reiche Hügelgräber (z. B. das Wagengrab von Eichendorf) und "Herrenhöfe" (= Burgen; z. B. Galgweis, Hartkirchen) künden von einer Feudalordnung und der Macht adeliger Kelten der Hallstatt-Zeit (750-450 v. Chr.), die in einer großen Revolution gebrochen wurde: Es begann die "klassische Epoche" der Kelten, die Laténe-Zeit (450-15 v.Chr.), von der Keltenschanzen zeugen, z. B. bei Vilsheim, Dornach und Pörndorf. Kelten aus Niederbayern nahmen teil an den Eroberungszügen z. B. nach Italien und auf den Balkan. Aus der

Seite 28, links, am 10. März 1516 hat der in Landshut residierende Herzog Ludwig X. dem Markt Velden dieses Wappen verliehen. Oben, als dunkle Ringe im Schnee zeichnen sich auf einem Bild des Luftbildarchäologen Klaus Leidorf am rechten Vilsufer bei Mettenhausen (Landau) die Gräben einer Burg ab, die bis zum 13. Jh. bestand. Unten, zwei Flachbeile aus der Zeit um 4500 v. Chr. sowie das Fragment eines Schleifsteins aus Sandstein.

Seite 29, das Beil aus der Steinzeit (3. Jt. v. Chr.) wurde in Erlach bei Velden gefunden.

GESCHICHTE

Römerzeit (bis 400 n. Chr.) fanden sich im Vilstal bislang nur wenige Relikte, z. B. Münzen (Vilsbiburg, Haidenburg).
Um 500 n. Chr. siedelte der in Ravenna residierende Ostgoten-König Theoderich Germanen aus vielen Stämmen in Altbayern an: Hier, in der Nordprovinz seines Reiches, wuchsen sie in den folgenden Generationen mit der keltisch-romanischen Vorbevölkerung zusammen zu einem neuen Stamm von unverwechselbarer Eigenart: den Bayern. Reihengräberfelder wie in Gerzen, Aham oder Aufhausen stammen aus der Bajuwaren-Zeit - und der Grabhügel von Reisbach, der größte jener Ära überhaupt.
Um das Jahr 535 geriet Altbayern unter die - lange Zeit wenig drückende - Herrschaft des Frankenreichs. Aus jener Epoche, genau: dem Jahr 748, stammt die erste Nennung der Vils als Uilusa/Filusa in einer lateinischen Urkunde. Es ist ein alter germanischer Name und bedeutet "Fluss durch einen Auwald".
Nach der von Teilen des Adels und des Klerus Bayerns unterstützten Absetzung des letzten Agilolfinger-Herzogs Tassilo III. gliederte Karl der Große Altbayern endgültig seinem Reich ein. Es wurde eine eigene Kirchenprovinz, deren erste Synode 799 in Reisbach stattfand: Das unterstreicht die Bedeutung des Orts im Frühmittelalter, ebenso wie eine Versammlung des gesamten bayerischen Adels in Reisbach im Jahr 900.
Das bayerische Unterland ("Niederbayern") mit seinen ertragreichen Böden blieb bis in die frühe Neuzeit Kraftzentrum Altbayerns, dessen Hauptstadt lange Regensburg war. In der "Ungarnzeit" (von 900 bis 955) war das Vilstal Ziel von Plünderzügen der Ungarn, wovon z. B. der gut erhaltene Ringwall bei Gaindorf (Vilsbiburg) zeugt, eine einstige Fliehburg der einheimischen Bevölkerung.
Die Herrschaft über das Vilstal teilten sich im Mittelalter mächtige Adelsgeschlechter wie die Grafen von Frontenhausen, von Haarbach-Geisenhausen, von Warth-Reisbach und, an der unteren Vils, die Grafen von Ortenburg sowie die von Hals (bei Passau). Mit Albrecht von Johansdorf (Jahrstorf bei Eichendorf), der zur Zeit Kaiser Barbarossas (1155-1190) lebte, hat das Vilstal einen berühmten Minnesänger hervorgebracht.

Etwa von 1165 bis 1210 lebte der Minnesänger Albrecht von Johannsdorf (heute Jahrstorf, Markt Eichendorf), ein Gefolgsmann des Bischofs von Passau. Dieses Bild aus der Manesseschen Liederhandschrift, die in der Universitätsbibliothek Heidelberg aufbewahrt wird, zeigt den Minnesänger in zärtlicher Umarmung mit einer Frau.

Klöster (wie z. B. Wessobrunn und Mondsee) oder Bischöfe (z. B. von Bamberg, Regensburg und Salzburg) hatten Besitzungen im fruchtbaren Vilstal - ebenso wie die Wittelsbacher (bei Baierbach, Tattendorf und Velden): Dieses aus der Nähe von Aichach stammende Geschlecht herrschte von 1180 bis 1918 über Bayern.
Die Wittelsbacher profitieren von einem teils erklärbaren, teils bis heute rätselhaften Aussterben vieler Adelsgeschlechter Altbayerns (der Letzte der mächtigen Grafen von Frontenhausen z. B. starb 1226). Nur die Ortenburger und die Herren von Fraunhofen (Altfraunhofen) bewahrten mit Geschick und Hartnäckigkeit ihre Unabhängigkeit - durch alle Höhen und Tiefen der Geschichte - bis zum Jahr 1805, also bis zum Ende des alten deutschen Reichs in der Napoleon-Ära, in der ihre Territorien ins neue Königreich Bayern eingegliedert wurden.
Zwischen 1150 und 1400 wurden in Deutschland so viele Städte und Märkte gegründet wie nie zuvor und niemals danach. Die Wittelsbacher verschafften Bayern den Anschluss an diese Entwicklung. Sie gründeten bzw. erhoben Orte zu Märkten und Städten, z. B. Vilsbiburg (1230er Jahre), das als altbayerischer Straßenmarkt angelegt ist, Geisenhausen (1393), Velden (1410) oder Eichendorf (1264 als Marktort bezeugt). Die Stadt Vilshofen (1206) ist dagegen eine Gründung der Ortenburger Grafen.

Im Jahr 1204 gründet der Wittelsbacher Herzog Ludwig I. Landshut als Hauptstadt seines Herzogtums. Mit seinen Enkeln beginnt 1255 die Ära der Erbteilungen und der - bis zu vier - Teilherzogtümer in Altbayern, die bis 1504/05 dauert.
Das Vilstal war zumeist Teil des Herzogtums Bayern-Landshut; das mittlere und das untere Vilstal gehörten 1353 bis 1429 zum Herzogtum Straubing-Holland: Diese Zeit und die Spanne der Zugehörigkeit des gesamten Vilstales zu Bayern-Landshut in der Ära der "Reichen Herzöge von Niederbayern" Heinrich, Ludwig und Georg (1393 bis 1503), war eine Epoche der politischen, wirtschaftlichen und kulturellen Blüte.
Zeitgenössische Kaufleute schwärmten von Bayern-Landshut als dem "Rosengarten des deutschen Reichs". Prachtvolle gotische Kirchen, die trotz späterer Kriege und des Erneuerungseifers des Barock vielerorts bis heute das Gesicht der Orte im Vilstal prägen, erinnern an diese Glanzzeit: Die Landshuter Bauhütte (eine Kombination aus Steinmetz-Innung und Architekten-Schule) strahlte weit aus bis Wien, Südtirol, Böhmen und dem Elsass. Auch andere Künste blühten: Die Reisbacher Pfarrkirche St. Michael, vollendet 1496, legt Zeugnis ab vom Wirken eines "Meisters von Reisbach", dessen Altar-Reliefs (um 1520/30) sich an Werken Albrecht Dürers orientieren.
Auch ein anderes Erbe des Spätmittelalters prägt bis heute das Vilstal: Die trotz vieler Verluste zahlreichen Schlösser sind Folge einer politischen Entscheidung des Jahres 1311. Der niederbayerische Wittelsbacher Otto III.

Die Krönung Mariens, ein Relief an einem Seitenaltar der Reisbacher Pfarrkirche St. Michael: Die Holzfiguren stammen aus der Zeit um 1500 und legen Zeugnis ab für die Blüte der Bildschnitzkunst in Niederbayern im 15. und 16. Jahrhundert.

war drei Jahre zuvor von einem Kriegszug nach Ungarn mit einem Berg von Schulden heimgekehrt. Mit einem Erlass ("Ottonische Handveste") räumte der Herzog Kleinadeligen das Recht ein, in einem Hofmarksbezirk - meist nur einige Dörfer rund um den Adelssitz - Verwaltungs- und Gerichtsbefugnisse auszuüben. Entlang der Vils reihten sich solche Hofmarken aneinander wie Perlen an einer Kette, nur durch wenige Kilometer getrennt: von Taufkirchen, Vilsheim und Vilssöhl über Seyboldsdorf, Lichtenhaag, Gerzen, Aham, Poxau, Warth, Haunersdorf, Reichersdorf, Aufhausen, Exing, Prunn und Adldorf bis Göttersdorf, Gergweis und Haidenburg. Daneben gab es andere Adelssitze von Schloss Kapfing (Vilsheim) über Rampoldstetten bis Walchsing und Kriestorf.

Die Masse der Vilstal-Bevölkerung waren abhängige Bauern: Bis zur Aufhebung der Hofmarksordnung (1848) hatten sie an ihren Höfen nur ein sog. Nutzeigentum. Das Obereigentum hatten Adelige inne, die Kirche, reiche Stadtbürger oder der bayerische Kurfürst.
Die Bauern trugen auch die Hauptlast in den verheerenden Kriegen wie dem Landshuter Erbfolgekrieg (1503/1505) oder dem 30-jährigen Krieg (1618-1648). Die religiöse Spaltung Deutschlands spiegelt sich in der Regionalgeschichte in überlieferten Einzelschicksalen wider: Niederbayern, die dem Protestantismus anhingen, übersiedelten z. B. in die Reichsstadt Regensburg oder auf Ortenburger Gebiet. Aus Mecklenburg zog die katholische Adelsfamilie von Vieregg ins Vilstal und kaufte Schloss und Hofmark Gerzen. Der

Predigerorden der Kapuziner suchte die katholische Seite zu stärken durch Ansiedlungen von Klöstern, z. B. in Vilshofen (1641) und Vilsbiburg (1706).
Politik und Religion gingen im 30-jährigen Krieg eine auch für viele Vilstal-Orte tödliche Verbindung ein: Schwedische Söldnerarmeen drangen tief nach Altbayern vor, Geisenhausen wurde dreimal niedergebrannt (1635, 1640 und 1648), Velden wurde 1633 geplündert, Vilsbiburg brannte 1635 lichterloh. Kämpfe zwischen Schweden auf der einen, Bayern und Österreichern auf der anderen Seite brachten dem oberen Vilstal noch im Frühsommer 1648 erneut eine Verwüstung, knapp drei Monate vor Kriegsende. Danach wütete die Pest unter den ausgemergelten Menschen, der Tod fuhr reiche Beute ein.

Ganz Niederbayern samt dem Vilstal geriet damals in den Windschatten der Geschichte, wurde erstmals in seiner Geschichte ländliche "Provinz", "strukturschwaches Gebiet", wie man heute sagen würde: Ein Klischeebild wurde geboren, Krieg und Zerstörung hatten dabei Pate gestanden in diesem von der Natur so gesegneten Land. Gleichwohl begann der Wiederaufbau, Bauleute aus Oberitalien wurden ins Land geholt, führten den neuen Barockstil ein. Vielerorts auf dem "flachen Land", nicht nur in München und Passau, wurden die gotischen Spitzhelme der Kirchtürme durch Zwiebelhauben ersetzt, die man auch "welsche" Hauben nannte und heute als charakteristisch für Bayern gelten.
Das 18. Jahrhundert brachte erneut einen verheerenden Krieg: Im Spanischen Erbfolgekrieg, einem europaweiten Waffengang, besetzten die Österreicher weite Teile des auf Seiten Frankreichs stehenden Altbayern. Die Statthalter des Kaisers in Wien pressten Bayern aus, die jungen Männer wurden für Österreichs Armee zwangsrekrutiert. Die Bayern erhoben sich im Herbst 1705 unter dem Schlagwort "Lieber bayerisch sterben als österreichisch verderben". Der Aufstand wurde niedergeschlagen, die Bayern zahlten einen furchtbaren Blutzoll. Bei Vilsbiburg wurden im November 150 aufständische Bauern getötet. In der "Sendlinger Mordweihnacht" 1705 starben in München an die 1100 Bauern aus dem Oberland.
Die schlimmste Niederlage erlitten die Bayern in der Schlacht von Aidenbach bei Vilshofen: Gut ausgebildete und ausgerüstete Berufssoldaten trafen dort am 8. Januar 1706 in offener Feldschlacht auf 7000 Aufständische, die Österreicher hatten kaum Verluste, auf bayerischer Seite starben 4000 Kämpfer.
In diesem, aber auch weiteren Kriegen des 18. Jahrhunderts bewahrte Bayern dennoch seine Eigenständigkeit. Heute verbindet man freilich weniger die Erinnerungen an die Nöte mit dieser Epoche, sondern den Glanz des "bayerischen Rokoko". Das Vilstal schmücken viele kunsthistorische Perlen aus dieser Zeit: Die Wallfahrtskirche "Zur heilig Dreifaltigkeit zur Oed" bei Aham ist z. B. hier zu nennen - vor allem aber die Kirche der ehemaligen Zisterzienser-Abtei von Aldersbach: Diese herrliche Kirche, ab 1720 von den Gebrüdern Asam ausgeschmückte Kirche hat man zu Recht den "Dom des Vilstals" genannt.

Orgelempore der ehem. Zisterzienser-Abteikirche von Aldersbach. Die Kirche ist eines der Meisterwerke der Gebrüder Asam: Cosmas Damian Asam (1686-1739) und Egid Quirin Asam (1692-1750).

Die Französische Revolution und die verheerenden Niederlagen im Kampf gegen Napoleon lösten auch in Bayern eine Welle von überfälligen Reformen und notwendigen Kurskorrekturen aus. Dabei wurde (Beispiel: Säkularisation), wie es in der Natur des Menschen liegt, oft auch viel Schaden angerichtet: Aus der Klosterbibliothek von Aldersbach (40.000 Bände) wurden große Bestände zum Kilopreis als Altpapier verramscht.

Der Mann, der Bayern in die Moderne führte, Maximilian Graf von Montgelas, kam als politischer Flüchtling nach Bayern. Nachdem er Verwaltung, Justiz, Bildungs- und Gesundheitswesen sowie das Militär nach französischem Vorbild reformiert hatte, erwarb er als Pensionär u. a. die Adelssitze Gerzen und Aham, wo seine Nachfahren noch heute wohnen. Im Schloss von Aham ist der "Vater des modernen Bayern" begraben.

Im Jahr 1848 wurden die Hofmarken aufgelöst: Der Adel verlor das Recht zur Rechtsprechung, die Bauern konnten gegen Entschädigung der Grundherren das volle Eigentum an ihren Höfen erwerben. Während um die Mitte des 19. Jahrhunderts in den meisten Teilen Deutschlands die Industrialisierung einsetzte, blieb das Vilstal wie der Großteil Bayerns weitestgehend Agrarland.

Erst spät wurden Orte im Vilstal ins Eisenbahnnetz eingebunden, als erster im Jahr 1860 die Stadt Vilshofen, an die Strecke Straubing-Passau. 1875 wurde die Strecke Plattling-Landau-Neumarkt/St. Veit fertig, die über Marklkofen führte, 1883 die Trasse Landshut-Vilsbiburg-Neumarkt. 1898 ging die Lokalbahn Dorfen-Velden in Betrieb. Die Bockerlbahn von Landau über Aufhausen nach Arnstorf wurde 1903 eröffnet, 1915 die Nebenbahn Aufhausen-Kröhstorf.

Die Industrialisierung erfasste das Vilstal relativ spät - ebenso wie die meisten anderen Gebiete Bayerns, die bis in die 1950er Jahre weitgehend ländlich strukturiert waren. Im Bild die Werkshalle der Maschinenfabrik Kulzer in Velden kurz vor dem Zweiten Weltkrieg.

Die Macht, die die Maschinen dem Menschen geben, und der Druck in Richtung auf eine hocheffiziente Landwirtschaft führte dazu, dass "die einstige Kulturlandschaft zum bloßen Wirtschaftsraum abgewürdigt" wurde, wie der frühere niederbayerische Bezirksheimatpfleger Dr. Hans Bleibrunner 1958 einmal schrieb: eine Entwicklung, deren Auswüchse und Folgen - wie die ausgeräumten Fluren und begradigten Flussläufe - man seither vielfach abzumildern und wiedergutzumachen sucht.

Einschneidende Ereignisse der Zeitgeschichte sind daneben die Gebietsreform von 1972, die zu den heutigen Gemeinde- und Landkreisgrenzen führte, vor allem aber ein grundlegender wirtschaftlicher und gesellschaftlicher Wandel nach 1945: Er begann mit dem Zuzug vieler Heimatvertriebener, die in Niederbayern durchschnittlich ein Drittel der Bevölkerung ausmachten. Die Gründung und Ansiedlung von Industriebetrieben prägen heute auch das Vilstal, das als Teil Bayerns zu einem der wirtschaftlich erfolgreichsten und gesellschaftlich stabilsten Regionen Europas zählt.

Elmar Stöttner

VILSTAL-RADWEG

Das Tempo bestimmen Sie!

Seite 34, links, auf eigens angelegten Radwegen und Nebenstraßen führt der Vilstal-Radweg über 119 km von Dorfen bis Vilshofen. Oben, das Teilstück zwischen Dorfen und Velden ist ein Eldorado für Inline-Skater. Unten, Radweg-Hinweisschild bei Kienraching.

Seite 35, Radweg-Idylle am Vilstalsee.

Eine Radwanderung von Dorfen nahe der Quelle der Großen Vils über 119 Kilometer bis nach Vilshofen bietet zweifellos eine beeindruckende Möglichkeit das Vilstal auf eigene Faust zu erkunden. Sportliche Fahrer können die Strecke an einem Tag bewältigen. Für den gemütlichen Radler bietet sich ein Zwischenstopp in einer der zahlreichen Unterkünfte rund um den Vilstalsee an. Mit der Zugverbindung von Vilshofen nach Dorfen ergibt sich für die Rückreise eine einfache Variante ohne die aufwändige Abholung mit dem Auto zu organisieren.

Rückreise mit der Bahn

Unter der Radfahrer-Hotline 01805/151415 oder auf der Homepage www.bahn.de/fahrrad bietet die Deutsche Bahn eine umfassende Auskunft für die Fahrradmitnahme in der Bahn. Die Fahrt von Dorfen nach Vilshofen dauert je nach Strecke ca. 3,5 bis 4 Stunden und ist mit dem Bayern- bzw. Wochenend-ticket kostengünstig zurückzulegen.

Rückreise über den Rottalradweg

Über den Donau-Radweg von Vilshofen nach Passau und den Inn-Radweg bis Schärding bietet sich die Rückfahrt über den Rottal-Radweg zum Ausgangspunkt in Dorfen mit Übernachtung in Passau oder Bad Birnbach an. Ein Besuch der Dreiflüssestadt Passau, der Rottaler Therme in Bad Birnbach oder des Freilichtmuseums in Massing ist ein schöner Zwischenstopp auf der Radtour. Infos zu Übernachtungsmöglichkeiten im Rottal bietet das Fremdenverkehrsamt Rottal/Inn, www.rottal-inn.de, Tel. 08561/20268.

0 km — Bahnhof Dorfen

Vom Bahnhof in Dorfen verlässt man auf der zum Radweg umfunktionierten ehemaligen Bahntrasse Richtung Taufkirchen den Ort. Ein Besuch des mittelalterlichen, kreuzförmi-

VILSTAL-RADWEG

Herrlicher Blick auf das Schloss Poxau kurz bevor der Radweg den Vilstalsee bei Steinberg erreicht.

gen Stadtplatzes in Dorfen lohnt sich. Bei Föhnwetterlage bietet sich vom überdachten Rastplatz Weinberg (6 km) mit 498 m über dem Meeresspiegel, der höchsten Erhebung des Vilstalradwegs ein herrlicher Blick auf die Alpenkette von der Zugspitze bis zum Dachstein. Das Radweg-Teilstück zwischen Dorfen und Velden, abseits großer Verkehrswege, durch die ursprüngliche Natur des Isen- und Vilstals zählt zu den schönsten Radwegen Bayerns. Bei Kienraching bietet sich ein Abstecher über Angerskirchen zur Quelle der Großen Vils bei Seeon an.

11 km Taufkirchen

Drei Kilometer vor Taufkirchen trifft der Radweg auf das Vilstal. Von jetzt an führt er ohne nennenswerte Steigungen dem Ziel in Vilshofen entgegen. Der Dorfplatz in Moosen mit dem Kinderspielplatz lädt auf eine kurze Rast ein. Zwischen März und Dezember findet hier am Freitag ein Bauernmarkt statt.

21 km Velden

Am Ortseingang Veldens empfängt das denkmalgeschützte Bahnhofensemble die Radwanderer. Das Ausflugscafe "Zum Waggon", ein ausgedienter Messwagen der Bundesbahn bietet eine willkommene Rastmöglichkeit. Nach einem Abstecher zum Marktplatz quert der Radweg kurz nach Velden die Bundesstraße B388 mittels einer Unterführung nach Obervilslern und führt weiter entlang der Kreisstraße LA16 nach Vilsbiburg.

35 km Vilsbiburg

Der historische Stadtplatz Vilsbiburgs und das Heimatmuseum laden zu einem Besuch ein. Bei dem Wochenmarkt am Samstag Vormittag lässt sich Proviant für die bevorstehende Tour fassen. Vorbei am Festplatz führt der Radweg auf einer wenig befahrenen Nebenstraße Richtung Aham.

50 km Aham

Über Loizenkirchen verlässt der Radweg den Vilstalort Aham. Auf dem 2007 eröffneten Teilstück zwischen Loizenkirchen und Frontenhausen führt der Vilstal-Radweg über Winzersdorf zum Kreisverkehr bei Frontenhausen. Durch das landschaftlich sehenswerte Naturschutzgebiet "Vilstal bei Marklkofen" führt der Radweg nach Steinberg zum Vilstalsee.

61 km Steinberg

Das beheizte Freibad in Steinberg und das Seebad nahe Reisbach laden zu einem erfrischenden Bad ein. Der Campingplatz in Steinberg und zahlreiche Ferienwohnungen bieten sich hier als Übernachtungsmöglichkeit an. Über die Staumauer des Vilstalsees führt der Radweg zum historischen Marktplatz in Reisbach.

65 km Reisbach

Weiter geht es über Oberhausen und Niederhausen nach Rottersdorf. Kurz vor Mettenhausen unterquert der Radweg die Bundesstraße B20 mittels einer Unterführung und wechselt anschließend wieder auf die rechte Seite der Vils vorbei an Reichersdorf nach Aufhausen.

81 km Aufhausen

In Aufhausen kreuzt sich der Bockerlbahn-Radweg mit dem Vilstal-Radweg. Richtung Norden bietet er über Landau eine Anbindung an den Isar-Radweg. In entgegengesetzter Richtung führt der Bockerlbahn-Radweg über Simbach, Arnstorf und Schönau nach Pfarrkirchen. Über Prunn und Adldorf erreicht der Vilstal-Radweg Eichendorf.

89 km Eichendorf

Entlang der Vilstalstraße führt der Radweg auf ebener Strecke nach Kröhstorf. Hier bietet sich der Besuch des Vilstaler Bauernhofmuseums an. Der Radweg wechselt anschließend auf die linke Seite der Vils und führt über die Vilstalorte im Stadtbereich Osterhofens - Göttersdorf, Gergweis und Galgweis - nach Kriestorf zur Verbindungsstraße zwischen Walchsing und Aldersbach.

109 km Walchsing / Aldersbach

13 Kilometer vor dem Ziel des Radweges in Vilshofen bietet sich ein Abstecher nach Aldersbach an. Ein Besuch der Asamkirche, des Brauereimuseums und des Klosters mit dem herrlichen Biergarten ist ein absolutes Muss. Ebenso interessant ist ein Besuch der St. Michaels-Kirche in Walchsing. Auf einer Nebenstraße entlang der Vils erreicht der Vilstal-Radweg über Schönerting das bei Mattenham beginnende Naturschutzgebiet "Vils-Engtal". Hier bietet sich ein erfrischendes Bad im Taferlsee nahe der Brücke bei Mattenham an.

119 km Vilshofen an der Donau

Die Kulturstadt Vilshofen an der Donau am Ziel der 119 Kilometer langen Radtour überrascht mit vielen Sehenswürdigkeiten. Der historische Stadtplatz und die Donaupromenade sind einen Besuch wert, bevor die Radtour über den Donau-Radweg fortgesetzt wird oder am Bahnhof von Vilshofen in der Vilsvorstadt ihr Ende findet.

Kurz vor Vilshofen bietet sich die Ruhebank am Taferlsee für eine Rast an.

TAUFKIRCHEN

Quellfluss in Oberbayern

Seite 38, links, das Festgespann der Taufkirchener Brauerei beim Volksfestauszug. Oben, Blick über das Nichtschwimmerbecken zum neu gestalteten Kinderland im Waldbad Taufkirchen. Unten, der Taubenbrunnen vor der Pfarrkirche Pauli Bekehrung.

Seite 39, die Ortsmitte Taufkirchens mit dem neu errichteten Rathaus hinter der Pfarrkirche.

Mit einer idyllischen Altstadtkulisse kann Taufkirchen zwar nicht punkten. Aber der Ort hat vieles zu bieten und hat sich in jeder Beziehung richtig gemausert. Verkehrsgünstig an zwei Bundesstraßen gelegen, hat die Gemeinde in den vergangenen Jahren sehr viel Geld in die Ortsverschönerung, aber auch in den sanften Ausbau von Gewerbeansiedlungen und Wohnbebauung gesteckt. Die Früchte sind bereits zu sehen.
Nur ein paar Meter von der alten Hofmark entfernt, mitten im Ortszentrum, wurde das neue Rathaus errichtet. Gleich dahinter erstrahlt Taufkirchens Naherholungsziel und kultureller Mittelpunkt schlechthin: das Wasserschloss. Der romantische Park ist für jeden frei zugänglich und birgt neben Sportanlagen und Kneippbecken auch bizarre Kunstinstallationen. Die Isar-Amper-Klinik des Bezirks Oberbayern betreibt auf dem Gelände im Schatten der alten Baumriesen ein Krankenhaus für Psychiatrie sowie eine Berufsschule für Krankenpflege und ist damit neben der Polstermöbelfirma Himolla einer der größten Arbeitgeber des Ortes. Auch architektonische Schönheiten gibt es in der Vilsgemeinde zu bewundern. Unter den vielen Sakralbauten sind die Rokoko-

TAUFKIRCHEN

Oben, beim Bauernmarkt in Moosen kommen ausschließlich regionale Produkte auf den Markt. Unten, der Erdinger Künstler Harry S. Seeholzer bei der Gestaltung seines Naturkunstwerks.

kirche in Hörgersdorf und die moderne Gulbransson-Kirche in der Attinger Siedlung besonders sehenswerte Schmuckstücke. Ein umstrittener Hingucker ist auch das Eberle-Haus, das als prachtvolles Kaufhaus konzipiert wurde, mittlerweile aber viel an Glanz verloren hat. Richtig glanzvoll präsentiert sich hingegen der "Ironman" am Kreisverkehr. Die übermannsgroße Edelstahlfigur weist mit ihren vier Armen in alle Himmelsrichtungen und begrüßt die Gäste gleich am nördlichen Ortseingang. Künstler Hex wurde von Autor Josef Martin Bauer ("Soweit die Füße tragen"), dem wohl prominentesten Sohn des Ortes, zu seinem Werk inspiriert. Auch dem Erdinger Künstler Harry S. Seeholzer mangelt es nicht an Eingebungen. Sein neuestes Projekt ist ein einzigartiges, generationenübergreifendes Naturkunstwerk. Aus Weiden und riesigen Eichenstämmen will er mit freiwilligen Helfern auf einer ca. 8.000 Quadratmeter großen Wiese in Taufkirchen in den nächsten Jahren einen Weidenhain als wachsende Kultstätte schaffen. Schon jetzt laden Arkadengänge, Stammtürme sowie überdimensionale Tierspuren aus Beton, ein Überbleibsel der Münchener IGA 2006, zum Abenteuerspaziergang ein.

Dass Taufkirchen eine wirklich kinderfreundliche Gemeinde ist, zeigt sich an vielen Dingen. Da ist etwa das viel beachtete und nachgeahmte Kinder- und Jugendhaus. Dieses Mehrgenerationenhaus, gleich neben dem Schulzentrum, vereint von der Krippe über den Kindergarten bis zur Mittagsbetreuung auch viele soziale Fachdienste unter einem Dach. Das neue Pfarrzentrum mit Bibliothek, als Vierseithof gebaut, ist ein weiterer beliebter Treffpunkt. Auch der Bauernmarkt am Moosener Dorfplatz direkt am Vilstal-Radweg mit eigenem Spielplatz ist ein Magnet. Er erfreut sich, wie das Weißwurstessen beim benachbarten Gasthaus Zuhr jeden Freitag, größter Beliebtheit. Von nah und fern kommen im Sommer Radler, um den Biergartenbetrieb mit Schmankerln aus der Region zu genießen. Und dann lockt da auch noch das Waldbad in Flaring mit seinen drei Becken, Sprungturm und einer neuen Minigolfanlage.

Birgit Lang

Gemeinde Taufkirchen (Vils)
Landkreis Erding
Regierungsbezirk Oberbayern

Höhe: 456 m ü. NN
Fläche: 70,18 km²
Einwohner: 9.011
Bevölkerungsdichte: 128 Einw./km²

Ortsteile: Gebensbach, Hörgersdorf, Moosen (Vils), Wambach, Oberhofkirchen, Unterhofkirchen, Kienraching

Gemeinde Taufkirchen (Vils),
Rathausplatz 1, 84416 Taufkirchen (Vils)
Tel. 08084/370, Fax 08084/3723
verwaltung@taufkirchen.de
www.taufkirchen.de

HIMOLLA

... himmlisch, mollig, angenehm

Links, Werksausstellung moderner Wohnmöbel. Rechts, Betriebsgebäude des Polstermöbelkonzerns Himolla.

Durch ganz Europa kurvte in den 50er Jahren eine Armada von bis zu 65 Himolla-Fernlastzügen. Die "Großen der Zeit" aus Politik, Wirtschaft und Kirche saßen damals auf Liegen und Sesseln des Taufkirchener Polstermöbelkonzerns. Auch "Lieschen Müller" hatte eine "Sonetta-Auszieh-Couch" daheim. Firmengründer Carl Hierl war nach dem Krieg das Unmögliche gelungen. Mit Raffinesse, Gespür, Einfallsreichtum, Ausdauer sowie der nötigen Härte brachte er das Wirtschaftswunder nach Taufkirchen und baute zusammen mit seiner Mutter Maria, seiner Schwester Franziska Keilhacker sowie seinen unermüdlichen Mitarbeitern das kleine Sattlergeschäft des Vaters zu einem der größten Unternehmen des Landkreises Erding auf. Mit bis zu 2.800 Mitarbeitern avancierte er zeitweise zu einem der größten Polstermöbelkonzerne Europas. Mehr als 50 Prozent der Belegschaft waren dabei Flüchtlinge. 1956 taufte Carl Hierl die Firma in Himolla Polstermöbelwerk GmbH um. "Himolla" steht für "himmlisch, mollig, angenehm". Die 25-Millionen-Umsatzgrenze war bald erreicht. Täglich wurden bis zu 2.000 Polstermöbel gefertigt und umgehend verschickt. Aus Raummangel konnte nicht auf Lager produziert werden. Es herrschte oft wildes Durcheinander, da es noch keine Logistik und keine Organisation gab. Folglich ließ Carl Hierl Ende der 50er Jahre das neue Produktions- und Verwaltungsgebäude mit Ausstellung auf 115.000 Quadratmetern an der Landshuter Straße errichten. Geschäftliche Misserfolge nötigten ihn zum Verkauf. Unruhige Zeiten mit wechselnden Besitzern kamen auf die Belegschaft zu bis der Welle-Konzern den Betrieb 1993 übernahm. Heute ist Himolla ein moderner Vorzeigebetrieb mit Standorten in ganz Europa, wobei das Unternehmen auf Ökologie großen Wert legt. So wurden 6000 Quadratmeter der Gebäude-Außenhaut aufwändig renoviert, um Energiekosten zu sparen, wofür es den Fassadenpreis des Landkreises gab. Kunststoffreste werden zu Granulat und Schaumstoffreste zu Verbundschaum umgewandelt, um beides wieder dem Produktionsablauf zuzuführen. Heute werden jeden Tag bis zu 250 Ballen Stoff und 1.500 Rinderhäute verarbeitet. Durch 35 Fertigungslinien in der Produktion können heute täglich bis 1.700 Möbelvarianten hergestellt und versandt werden.

www.himolla.com

Internationale ERFOLGE

Weltmeister und Olympiateilnehmer

Sage und schreibe 76 Vereine zeugen von einer engagierten Gesellschaft in Taufkirchen. Das Angebot für Hobbys, sinnvolle Freizeitgestaltung und sportliche Aktivitäten ist dementsprechend breit gefächert und reicht vom Alpenverein bis zum Wurftaubenclub.
Bei einem solchen Aufgebot können natürlich sportliche Erfolge nicht ausbleiben. Horst Bökesch holte 2006 den Weltmeistertitel im Bogenschießen nach Taufkirchen. Olympiasieger Matthias Baumann gewann 1988 die Goldmedaille bei den Weltspielen in Seoul im Military für den Reit- und Fahrverein Taufkirchen.
1992 schafften die Freunde Florian Maurer aus Moos und Christian Zach aus Granting das Kunststück, sich beide in der Demonstrationsdisziplin Highspeed-Skifahren für die Olympischen Winterspiele in Albertville zu qualifizieren. Florian Maurer erreichte dabei mit einer Geschwindigkeit von 201 km/h einen neuen Deutschen Rekord und damit das Halbfinale.

Und Ski-Ass Franziska Penzkofer errang 2005 die Silbermedaille bei den Special Olympics World Wintergames in Nagano/Japan. Eine Legende im internationalen Tanzsport sind die "Showfunken". Als 13-facher Bayerischer Meister, 9-facher Deutscher Meister, 9-facher Europameister und amtierender Weltmeister 2004 sind sie weit über die Landkreisgrenzen hinaus für ihre atemberaubende Show mit riskanten Hebefiguren, Lasern und Feuerwerk bekannt. Zwölf junge Mädchen fanden sich 1983 unter Trainerin Hedwig Wittmann zu "Hedis Funken" zusammen. Annemarie Wimmer und Silvia Gandl übernahmen ihr Amt 1988 und nannten sich künftig "Showfunken". Damit war der Grundstein für ihre unvergleichliche Karriere gelegt. Gleichzeitig lösten die "Showfunken" einen wahren Boom an Showtanzgruppen in der Gegend aus.

Auch auf dem sozialen Sektor sind in Taufkirchen herausragende Organisationen tätig. Angefangen von der Nachbarschaftshilfe über den Oase-Lebenskreis, der für sein vielseitiges Engagement 2004 mit dem 1. Bürgerpreis durch den Bayerischen Landtag ausgezeichnet wurde. Der Oase-Verein hat sogar einen Naturkindergarten gegründet, dem nun eine Privatschule folgen soll.

Birgit Lang

Links, Weltmeister im Bogenschießen 2006, Horst Bökesch. Rechts, die Showtanzgruppe "Showfunken" sammelt Titel am laufenden Band.

WASSERSCHLOSS

Kulturelle Mitte Taufkirchens

Stimmungsvolle Atmosphäre beim Serenadenabend vor dem Schloss.

Schon immer spielte das "G'schloss", wie das prächtige Wasserschloss von den Einheimischen genannt wird, eine große Rolle für Taufkirchen. Erstmals erwähnt wurde es 1263. Es wechselte oft die Besitzer, neben Adeligen waren in den Gründerjahren auch Bürgerliche Schlossherren. Mehrmals wurde es umgebaut. Aus der Fuggerperiode (1544-1672) stammt z. B. die wertvolle Kapelle. Der geschäftstüchtige Schlossherr Adam von Puech verlegte den noch heute beliebten Adlberger Markt nach Taufkirchen und holte 1695 auch die Gebeine des heiligen Viktor aus Rom ins Schloss, um eine Wallfahrt einzurichten. Damit wollte er den Umsatz seiner Brauerei ankurbeln, die ebenfalls auf die Initiative des Augsburger Adelsgeschlechtes zurückgeht. 1917 wurde die Brauerei an eine von Bauern und Bürgern aus Taufkirchen und Umgebung gegründete Genossenschaft für 800.000 Mark verkauft. Das Schloss diente in den folgenden Jahren als Reservelazarett der Wehrmacht und als Pflegeheim des Landesarmenverbandes. Damit war auch der Grundstein für die spätere Nutzung der Räume für Patienten des Bezirkskrankenhauses gelegt. Mitte der 90er Jahre suchte der Bezirk nach einem neuen Nutzungskonzept bzw. einem neuen Eigentümer. In der Zwischenzeit hatten sich die Oase-Klangschule, der Naturkindergarten, Künstler und Musiker eingemietet. Immer häufiger war das Schloss Ort für kulturelle Veranstaltungen wie den "Serenadenabend", "Advent im Schloss" oder "Jazz im Park". Weil die Taufkirchener dieses Kleinod unbedingt für sich erhalten wollten, wurde 1997 der Förderverein Schloss gegründet. Viele Pläne wurden ent- und verworfen, bis 2005 mit dem Kraiburger Unternehmer Nico Forster ein neuer Schlossherr gefunden war, der es für den symbolischen Preis von 1 Euro erwarb. Er lässt das Juwel behutsam und sehr aufwändig zum Kulturzentrum renovieren. Der Gemeinde stellte er das Erd- und 1. Obergeschoss 30 Jahre lang mietfrei zur Verfügung. Neben Trauungszimmer und Sitzungssaal der Gemeinde sind heute im Schloss Räume der Kreismusikschule, Künstlerateliers sowie eine Wohngemeinschaft für psychisch Kranke untergebracht. Fuggersaal, Terrasse und Innenhof werden umgebaut und schon jetzt für unterschiedlichste Kulturveranstaltungen genutzt.

www.schloss-taufkirchen.de

VELDEN

Perle des Oberen Vilstals

Seite 46, links, Mitglieder des Burschenvereins beim Aufstellen des Maibaums. Oben, die Jugendstilvilla "Fruhmannhaus". Unten, die Bronzestatue "Apoll" aus der Hand von Prof. Dr. Georg Brenninger.

Seite 47, Blick über Kleinvelden auf Velden.

„Irgendwie und Sowieso“ erscheint der Markt Velden 1986 auf den Fernsehschirmen Deutschlands. Dass die Serie des Bayerischen Rundfunks über die wilden 68er mit Ottfried Fischer in der Traumrolle des Joghurt verschlingenden Eigenbrödlers Sir Quickley zum Kultstatus gelangt, und nach über 20 Jahren noch aktuell ist, traute sich bei den Dreharbeiten in Velden niemand zu träumen.

Es scheint, als hätte „Irgendwie und Sowieso“ für den Markt viele Bedeutungen. Irgendwie und sowieso gelang es 1971 als eine der ersten Gemeinden in Bayern, den Durchgangsverkehr aus dem Ort auf die Umgehungsstraße zu verlagern. Im Schatten des überregionalen Verkehrs entwickelte sich der Marktplatz mit seiner besonderen Topografie zu einer wahren Perle des Oberen Vilstals. Die auffällig verspielten, unter Ensembleschutz stehenden Häuserfronten und Dachformen der am Marktplatz anliegenden Häuser aus dem 19. Jahrhundert sowie die hakenförmige Anlage des malerischen Marktplatzes zeichnen das Ortsbild Veldens in besonderem Maß aus. Das ehemalige Rathaus - die heutige Gemeindebücherei - sowie die alte Schmiede am unteren Markt mit ihren beiden wohlgeformten Arkadenbögen sind dabei die architektonisch herausragenden Gebäude.

„Irgendwie und Sowieso“ hinterließ der Veldener Heimatsohn Professor Georg Brenninger seinem Geburtsort ein Geschenk der besonderen Art: 15 Bronzeskulpturen aus seiner Hand sind in Velden zu bewundern und machen den Marktplatz zu einem kleinen Freilichtmuseum, um dessen großartigen Reichtum so manche Stadt neidisch wäre.

Nachdem der Bahnanschluss von Velden nach Dorfen bis 1993 mit wenigen Gütertransporten aufrecht erhalten wurde, erfolgte 1995 der totale Abbau der Gleisanlagen. „Irgendwie und Sowieso“ wurde die ehemalige Bahntrasse durch das malerische Vilstal abseits großer Verkehrswege zu einem der landschaftlich schönsten Radwege Bayerns umgestaltet und entwickelte sich zu einem Mekka für Radfahrer, Skater und Spaziergänger. Die Loks konnten Steigungen von

VELDEN

über fünf Prozent nicht bewältigen – entsprechend schonend sind nun die Wege. Durch die mutige Aktion des Veldener Gastwirts Markus Böckl, der einen ausgedienten Messwagen der Bundesbahn auf die letzten erhaltenen 20 Meter Bahngleis nach Velden holte und zu einem Café mit Biergartenbetrieb umwandelte, erhielt das denkmalgeschützte Bahnhofsensemble nochmals eine herrliche Aufwertung.
Verbunden mit einer maßvollen Siedlungspolitik hat Velden „Irgendwie und Sowieso" vom nahe gelegenen Münchner Flughafen profitiert und sich zu einem Unterzentrum in Niederbayern entwickelt. Die herausragenden Freizeitmöglichkeiten der 6.500 Einwohner zählenden Vilstalgemeinde sind die 2003 erbaute Zweifach-Turnhalle und das weitläufige Freizeitgelände im Anschluss an das Sportgelände des TSV Velden, das im Sommer von zahlreichen Jugendgruppen für Zeltlager genutzt wird.
Auch völkerverbindend hat der Markt Velden Akzente gesetzt. Seit 1976 besteht eine Partnerschaft mit der italienischen Gemeinde Roana in der Region Venezien. Die zweite Partnerschaft mit der französischen, am Atlantik gelegenen Gemeinde Aigrefeuille, wurde 1986 offiziell besiegelt. Als kleiner Beitrag zu einem großen, vereinten Europa werden beide Partnerschaften mit großem Engagement gepflegt.

Oben, die Filialkirche Maria Himmelfahrt in Mariaberg grüßt weit ins Vilstal hinein. Unten, Morgensonne am Vilssteg in Velden.

Markt Velden, Mitglied der Verwaltungsgemeinschaft Velden, Landkreis Landshut, Regierungsbezirk Niederbayern;

Höhe: 477 m ü. NN
Fläche: 49,40 km²
Einwohner: 6.506
Bevölkerungsdichte: 132 Einw./km²

Ortsteile: Babing, Eberspoint, Vilslern, Oberensbach, Höhenberg, Ruprechtsberg

Markt Velden
Bahnhofstr. 42, 84149 Velden
Tel. 08742/2880, Fax 08742/28841
info@vg-velden.de
www.markt-velden.de

STONEHENGE

Megalithmonument in Originalgröße

Hinter dem Bauhof seines Gartenbaubetriebs errichtete Werner Wick 2002 sein persönliches Stonehenge.

4.100 Jahre und 1.100 km liegen zwischen dem Original in Wessex und dem Nachbau des Megalithmonuments in Kreuz bei Velden. Nach viermonatiger Bauzeit ist es dem Gartenbauunternehmer Werner Wick 2002 gelungen, den inneren Zirkel des Weltkulturerbes auf einer Anhöhe hinter dem Bauhof seines Betriebs in Originalgröße nachzubauen. Den Gedanken an dieses außergewöhnliche Vorhaben trug er bereits seit seiner Studienzeit mit sich, als er vor 30 Jahren bei einer England-Exkursion drei Tage und Nächte in dem keltischen Bauwerk verbrachte. Aus der Neugier heraus, seine eigenen Grenzen zu erforschen, begann Werner Wick 1994 die einzelnen Steine in ihrer Form und ihrer Größe dem Vorbild entsprechend in den Steinbrüchen im Bayerischen Wald zu suchen. Nicht weniger als 63 Tonnen wiegt der schwerste der Granitblöcke, die mit einem Tieflader nach Kreuz transportiert wurden. Den entscheidenden Anstoß für die Fertigstellung gab ihm ein tragischer Verkehrsunfall im Sommer 2002, nachdem sein Leben über Wochen an einem seidenen Faden hing. Nach der überraschend schnellen Genesung begann er zusammen mit seinem Freund, dem Brunnenbauer Sebastian Tafelmeier, die fünf Steintore originalgetreu aufzubauen. Ohne die Steine mechanisch zu bearbeiten lagern die Abdeckplatten in einer Höhe von bis zu vier Metern frei auf den Granitsäulen. Die Ausrichtung des Steinzirkels und der 29 Heelstones entsprechen natürlich auch dem Original. So lässt sich vom Zentrum des Kreises aus zur Sommer- und Wintersonnwende der Sonnenaufgang genau im größten, mittleren Steintor beobachten.

Auf die Frage warum Werner Wick diese kostspielige Vision verwirklichte, gab es für ihn eine ganz einfache Antwort: „Ich habe mich dabei ganz und gar auf mein inneres Gefühl verlassen. Auch den Platz habe ich instinktiv ausgewählt".

Doch damit nicht genug: Mit dem Bau der 27 Steintore, die das Zentrum des Originals früher in einem Radius von 29 Metern umgaben, will Werner Wick sein „persönliches Stonehenge" 2008 vollenden.

Interessierten Besuchern zeigt sich der gebürtige Würzburger ganz offen. Und er gestattet es, das Monument tagsüber zu besichtigen. Der magische Ort ist allen zugänglich, die dessen außergewöhnliche Ausstrahlung persönlich erfahren wollen.

LEBENSGEMEINSCHAFT HÖHENBERG

Ausdruck respektvollen Miteinanders

Versteckt im Hügelland zwischen Velden und Buchbach liegt das Dorf Höhenberg. Hier fanden die Gründer der Lebensgemeinschaft Höhenberg vor 30 Jahren einen optimalen Platz für ihr Projekt einer anthroposophischen, sozialtherapeutischen Einrichtung. Mit dem Aufbau einer modernen Demeter-Landwirtschaft entstanden nicht nur Arbeitsplätze, sondern auch ein Zuhause für mittlerweile über hundert Menschen mit Behinderungen, ihre Hausleiter und viele andere Mitarbeiter.

Diese Entwicklung folgte nicht der herkömmlichen Logik des immer "größer Werdens", sondern den Ideen und dem gedanklichen Ringen um Lebensformen, die Menschen mit und ohne Behinderungen in einer Gemeinschaft am besten entsprechen. Viele leben in begleiteten Partnerschaften, und mehrere Paare leben in entwicklungsgemäßen Wohnformen zusammen. Diesem Ziel, allen ein würdevolles und selbstbestimmtes Leben zu ermöglichen, dient auch das umfangreiche therapeutische und kulturelle Angebot.

Die Landwirtschaft ist die Grundlage des Lebens - dieser Gedanke ist in Höhenberg besonders lebendig, und so entstanden im Stall die ersten Arbeitsplätze für behinderte Mitarbeiter. Die ursprünglichen Zusammenhänge sichern Arbeit und Qualität der Erzeugnisse. Das Getreide wird in der eigenen Bäckerei verbacken, die Milch in der eigenen Käserei verarbeitet. Das Gemüse kommt von den Höhenberger Feldern und aus den Gewächshäusern. Die Werkstätten sind mit moderner Technik und gleichzeitig konsequent ökologisch und handwerklich ausgerichtet und bieten hochwertige Arbeitsplätze. Höhenberger Lebensmittel finden sich nahezu in jedem Naturkostladen, Biomarkt und Feinkostgeschäft in der Region. Die Qualität aus Höhenberg ist gefragt! Schließlich stehen hinter den Lebensmitteln viele Menschen, die trotz ihrer Beeinträchtigungen engagierte und gute Arbeit leisten. Für Velden und Umgebung bieten der Höhenberger Hofladen und die Höhenberger Biokiste ein mit Naturkost reichhaltig ergänztes Angebot. Die kunsthandwerklichen Produkte wie reine Bienenwachskerzen, Filzarbeiten, Figuren und handgeschnitzte Schalen werden über Märkte, Einzel- und Großhandelsgeschäfte und bundesweit über den Versandhandel vertrieben. Die Choroi-Werkstätte liefert ihre Musikinstrumente bis nach Japan. Insgesamt sind über 120 Mitarbeiter mit Behinderungen in den Höhenberger Werkstätten beschäftigt.

Vier große jahreszeitliche Feste und Märkte, mehrere Frühstücksbrunches, Konzerte und Theater finden jährlich in der Dorfgemeinschaft statt. Diese Feste sind Ausdruck eines freundlichen und respektvollen Miteinanders und deshalb echte Höhepunkte für die Gemeinschaft, ihre Freunde und Besucher.

www.lebensgemeinschaft-hoehenberg.de
www.hoehenberger-biokiste.de

Die Bewohner der Lebensgemeinschaft Höhenberg bei der gemeinsamen Mahlzeit in der Wohngruppe.

MARKUS RUSCH

... Feuer, Asche, Ton

Koralden, dieses klangvolle Wortgebilde, steht für eine Gott verlassene Einöde in einem abgelegenen Talgrund nahe Velden - ein einsamer, alter Backsteinhof mit Sprossenfenstern, davor Wiesen, Äcker, Felder. Zwei- bis dreimal im Jahr ist es hier vorbei mit der beschaulichen Einöd-Stille: Im Hof ist die Hölle los! Der Feuerdrachen ist erwacht - ein archaisch anmutendes, an mythische Zeiten zurückerinnerndes Schauspiel! Feuerfetzen züngeln aus dem Leib des Ungetiers und fauchen aus weißglühenden Augenlöchern. Ganz vorne am tiefer gelegenen Riesenschlund flackert glutfarbene Lohe in die verzerrten, von Schweiß glänzenden Gesichter einiger Schattengestalten. Sie reichen einem behandschuhten Hünen Holzscheite, der diese mit gezieltem Schwung in den Glutrachen des Ungeheuers schleudert. Man denkt dabei unwillkürlich an die Darstellungen des Hl. Georg, wie er dem Drachen seine Lanze in das Feuer speiende Maul rammt. Der Hüne, der Drachenbändiger, heißt Markus Rusch - auch der Drache hat einen Namen: Anagama. Es ist die japanische Bezeichnung für einen tunnelförmigen Röhrenofen, der seit über 1000 Jahren von den Töpfern in China, Korea und Japan zum Brennen ihrer Waren benutzt wird. Fünf Tage und Nächte hindurch will

das gierige Ungeheuer ununterbrochen gefüttert werden.

Der Holzbrandkeramiker Markus Rusch ist kein als Künstler auftretender Aktivist, der nur modisch aktuellen Trends frönt, die die heutige Keramikszene oftmals verunzieren. Er fordert von sich konsequent materialgerechte Ästhetik sowie Sinn und Funktion der Form. Für Markus Rusch gelten Maßstäbe, die er an der Landshuter Keramikfachschule gelernt hat, die aber heute weitgehend missachtet werden. Er setzt auf Sachwissen, handwerkliche Erfahrung und ist bereit, seinen augenblicklichen Entwicklungsstand durch den sprichwörtlichen Blick über den eigenen Zaun zu relativieren. Seine Arbeiten - in der Mehrzahl Gefäße für den alltäglichen Gebrauch - zeigen ihre Qualität so bescheiden wie selbstverständlich und sind für Auge und Hand auf das Schönste erfahrbar.

Der Drachenbändiger aus dem Vilstal ist gut unterwegs und wird seinem hassgeliebten Feuermonster noch manch gelungenen Brandschatz abringen. In Koralden können deshalb schon jetzt Vorfreuden-Feuer entzündet werden.

Rudolf Strasser

www.markusrusch.de

Seitc 52, links, natürlicher Ascheanflug und Flammspuren machen jedes Stück zum Unikat. Rechts, Sushi-Platte, auf Jakobsmuscheln liegend gebrannt.

Seite 53, Markus Rusch beim Heizen an der seitlichen Feuerung.

VILSBIBURG

Vielspaßburg

Seite 54, links, Marktveranstaltungen in Vilsbiburg sind immer ein besonderes Erlebnis. Oben, Platzkonzert des Musikvereins Vilsbiburg zum Volksfestauszug. Unten, Dionysibrunnen mit Stadttürmen im Hintergrund.

Seite 55, Weitblick über Vilsbiburg vor der Kulisse des Untersbergs und des Watzmanns.

VILSBIBURG

Nur wenige Orte Niederbayerns vereinen den technischen Fortschritt und die lebendige Kultur im gleichen Maß wie die Stadt Vilsbiburg. Die ehemalige Kreisstadt im Herzen des altbayerischen Hügellandes hat sich in einer stetigen Entwicklung vom ländlich geprägten Markt zum Mittelzentrum im Oberen Vilstal entwickelt. Das Krankenhaus mit drei Abteilungen und 200 Betten, der Sportflughafen bei Achldorf, die Volkshochschule mit einem breitgefächerten Angebot, die örtliche Musikschule sowie die Berufsfachschule für Krankenpflege sind ein Spiegel des aktiven Stadtlebens in Vilsbiburg. Mit dem Maximilian-von-Montgelas-Gymnasium, der staatlichen Realschule sowie der Grund- und Hauptschule ist in Vilsbiburg das komplette schulische Bildungswesen vertreten. Die elftausend Einwohner zählende Stadt an der Eisenbahnverbindung von Landshut nach Salzburg blickt auf eine mehr als 1000-jährige Geschichte zurück, die an vielen Stellen noch heute lebendig ist. Zu den historischen Sehenswürdigkeiten zählen die mittelalterliche Anlage des Stadtplatzes mit dem Stadttor aus dem 15. Jahrhundert, die spätgotische Spitalkirche, die Stadtpfarrkirche Mariä Himmelfahrt sowie die beiden Klöster im Stadtgebiet, das der Karmelitinnen und Maria-Hilf auf dem Berge mit der Wallfahrtskirche. Ebenso herausragend ist das Heimatmuseum der Stadt, in dem auf 990 m^2 Fläche die größte Sammlung an Kröninger Hafnerware ausgestellt ist.

Ein besonders lebendiges Stück der Stadtgeschichte sind die Märkte und Feste, die in jährlichem Rhythmus das Stadtleben bereichern. Die Beachparty und der Faschingsumzug, das Volksfest, das Stadtfest, das Schwimmbadfest, das Flugplatzfest, der Dionysimarkt verbunden mit dem "Niederbayerischen Tag des Pferdes" sowie der Nikolausmarkt zählen zu den gesellschaftlichen Höhepunkten in Vilsbiburg.

"Vielspaßburg", wie sich Vilsbiburg zu Recht vermarktet, steht ihrem Namen in keinen Belangen nach. Zwischen moderner Lebensqualität und traditionellem Brauchtum bietet die zweitgrößte Stadt im Vilstal ein breites Angebot an Freizeitmöglichkeiten. Es reicht vom beheizten Freibad, der längsten Indoor-Cartbahn Europas, dem Kino, der Kreis- und Stadtbibliothek, dem Hallenbad in der Hauptschule und dem Golfplatz bei Trauterfing bis zum modernen Tagungs- und Sporthotel "Kongressissimo" am Rande der Stadt. In weit über 100 Vereinen aus allen Bereichen des Sports und der Kultur spiegelt sich das lebendige Leben der Stadt wider. Die Stadthalle als Veranstaltungsort für Märkte, Ausstellungen, Konzerte und große Feste sowie die Vilstalhalle und der Sportpark als Zentrum des Sports und Heimat des Damen-Volleyball-Bundesligisten "Rote Raben" bieten optimale Möglichkeiten in allen gesellschaftlichen und sportlichen Belangen. Auch in völkerverbindender Hinsicht setzt Vilsbiburg mit der Städtepartnerschaft der italienischen Stadt Buja in der Provinz Udine einen Schwerpunkt. Die Partnerschaft wird mit großem Engagement von beiden Seiten lebendig gehalten.

Mit besonderem Stolz kann sich Vilsbiburg als echtes Industrie- und Technologiezentrum der Region bezeichnen. Der größte Betrieb ist dabei der Fahrzeugindustrie-Systemlieferant Dräxlmaier mit weltweit mehr als 35.000 Mitarbeitern. Ebenso herausragend sind die beiden Technologiebetriebe Flottweg AG und Hiller GmbH als weltweite Spezialisten im Zentrifugenbau. Die im zweijährigen Rhythmus abgehaltene Wirtschaftsschau mit über 120 Ausstellern aus allen Bereichen des Handwerks, der Dienstleistung und der Industrie bestätigt Vilsbiburg als hervorragenden Standort des Mittelstandes.

Stadt Vilsbiburg
Landkreis Landshut
Regierungsbezirk Niederbayern

Höhe: 448 m ü. NN
Fläche: 68,86 km²
Einwohner: 11.550
Bevölkerungsdichte: 167 Einw./km²

Ortsteile: Frauensattling, Gaindorf, Haarbach, Seyboldsdorf, Wolferding, Achldorf

Stadt Vilsbiburg, Stadtplatz 26
84137 Vilsbiburg
Tel. 08741/3050, Fax 08741/30555
stadt@vilsbiburg.de
www.vilsbiburg.de

Seite 56, links, die Stadtpfarrkirche Mariä Himmelfahrt. Rechts, Blick über den Stadtturm zur Wallfahrtskirche Maria Hilf auf dem Berge.

Seite 57, links, das Freibad an der Veldener Straße. Rechts, Volksfestauszug vom Stadtplatz zum Festplatz.

DRÄXLMAIER

Die automobile Zukunft

Die Gründung der Firma 1958 durch Lisa und Fritz Dräxlmaier war von der Vision getragen, die individuelle Mobilität in der Autoindustrie mit zu gestalten. Als erster großer Auftrag wurden damals im Gründungswerk in Geisenhausen 50.000 Kabelsätze für das in Dingolfing gefertigte Goggomobil ausgeliefert. In den vergangenen fünf Jahrzehnten entwickelte sich die Firma zu einem kompetenten Systemlieferanten für hochwertige Fahrzeuginnenausstattung, Zierteile und Elektronikbauteile.
Als erfahrener und global präsenter Partner der erfolgreichsten Automobilhersteller, wie BMW, Mercedes, VW, Audi, Porsche, Jaguar, Cadillac, Toyota und Bugatti, hat die Dräxlmaier Group weltweit, dauerhaft und hochflexibel eine führende Rolle eingenommen. Jeden Tag arbeiten rund um den Globus über 35.000 Mitarbeiter daran, moderne Bordnetzsysteme und Elektronikkomponenten sowie exklusive Fahrzeuginnenausstattungen zu entwickeln und herzustellen. An 52 Standorten in 20 Ländern aktiv, ist die Dräxlmaier Group weltweit der einzige Familienbetrieb unter den großen Automobilzulieferern. Mit ihren umfassenden Kompetenzen von der technischen Planung und dem Design bis hin zum Prototypenbau und der Werkzeugherstellung entwickelt die Dräxlmaier Group das gesamte Konzept bis zur serienreifen Produktion.
In Deutschland beschäftigt die Dräxlmaier Group ca. 5.000 Mitarbeiter, von denen rund 2.500 im Stammhaus in Vilsbiburg tätig sind. Die Ausbildung junger Mitarbeiter in allen Bereichen ist ein zentraler Bestandteil der Unternehmensstrategie. Mit ca. 200 Auszubildenden unterstreicht das Unternehmen seine Verantwortung, jungen Menschen berufliche Zukunftsperspektiven zu bieten. Um schnell und gezielt auf die Bedürfnisse im Bildungs- und Weiterbildungsbereich zu reagieren wurde Ende 2001 ein internes Seminar- und Schulungszentrum in Geisenhausen aufgebaut. Eine positive Unternehmensentwicklung und steigende Marktanteile zeigen, dass die Dräxlmaier Group als innovativer System- und Entwicklungspartner die richtigen Antworten auf die neuen Herausforderungen des globalen Automobilmarkts gefunden hat. **www.draexlmaier.de**

Das Technologiezentrum der Firmengruppe Dräxlmaier als Herz des weltweit agierenden Unternehmens.

RICHARD SATTLER

König von Ashanti

Der gebürtige Straubinger Richard Sattler darf sich mit Fug und Recht als einziger echter König in Bayern bezeichnen. Seine Majestät Richard I. wurde im August 1990 vom Bürgermeister Akomadans zum Entwicklungsbeauftragten des Bezirks Ashanti in West-Ghana berufen und aufgrund seiner hervorragenden Leistungen für die Region drei Jahre später zum offiziellen König Ashantis ernannt.

Bei der Ernennungsfeier im August 1993 wurde Richard Sattler nach der Salbung und Einkleidung bei einem feierlichen Festzug mit Musik und Tanz, in einer Sänfte getragen, der Bevölkerung vorgestellt. Der Ehrentitel wurde dem "white man from Germany" für seine von ihm organisierten Entwicklungshilfeprojekte verliehen.

Begonnen hatte die Freundschaft zum ghanaischen Bezirk Ashanti, mit einer Fläche etwa so groß wie Niederbayern, bereits 1988, als er von einem afrikanischen Bekannten in die 20.000 Einwohner zählende Stadt Akomadan eingeladen wurde. Von da ab kehrte Richard Sattler immer wieder zurück und unterstützte die Bevölkerung mit den unterschiedlichsten Hilfsprojekten und Spenden an die Ärmsten. Über 10.000 Brillen sammelte Richard Sattler in den vergangenen Jahren und verschiffte insgesamt acht Lkw-Ladungen voll mit Medikamenten, Kleidung, gebrauchten Traktoren, Autos, Mofas, Fahrrädern, Ersatzteilen, Kühlschränken, Elektroöfen und Nähmaschinen von Hamburg in die ghanaische Hafenstadt Tema. Vor allem die Vermittlung von zwanglosen Patenschaften für Kinder liegt dem Kfz-Mechanikermeister aus Vilsbiburg besonders am Herzen, um den Kindern damit eine Schulbildung sicher zu stellen. Mittlerweile arbeiten sechs ghanaische "Bodyguards" in der Stadt auf Anweisung des "white king", der sich vor Ort in erster Linie um die Verbesserung der Infrastruktur bemüht. Die Sanierung und Ausstattung von Schulen, Kirchen und Krankenhäusern zählt dabei zu den vorrangigen Projekten.

Die Besuche Sattlers in Ashanti gleichen dem Staatsbesuch eines Politikers. Wenn Richard Sattler es wünscht, wird er im Königsgewand mit Krone in einer Sänfte durch die Straßen getragen, die mit Bürgern gesäumt sind, die ihn mit "Nana"-Rufen begeistert begrüßen.

Weitere Fotos sind auf der Homepage www.vilsbiburger-journal.de in der Rubrik Stadtleben-Leute zu finden.

HEIMATMUSEUM

Kröninger Hafnermuseum

Schon seit nahezu 100 Jahren vermittelt dieses Museum die Zusammenhänge der Heimatgeschichte im Vilsbiburger Land. Eröffnet wurde es im Jahr 1910 in einem Haus neben der Pfarrkirche; 1958 erfolgte der Umzug in das ehemalige Heilig-Geist-Spital, wo anfangs ein Stockwerk belegt wurde. Nach einem größeren Umbau wurden die Ausstellungen im Jahr 1973 auf das gesamte Gebäude und im Jahr 1995 auch auf das benachbarte Anwesen Stadtplatz 39 ausgeweitet. Zusammen mit der Spitalkirche, in der sakrale Kunst gezeigt wird, stehen rund 1.000 Quadratmeter Ausstellungsfläche zur Verfügung.

Kernstück ist die umfangreiche Sammlung Hafnerkeramik im Dachgeschoss. Hier können die vielfältigen Produkte aus den zahlreichen Werkstätten aus dem Kröninger Gebiet und von der Bina bestaunt werden. Bei der glasierten Ware stechen die lebhaften Farben ins Auge: leuchtendes Gelb, strahlendes Grün, warmes Braun und schließlich das geheimnisvolle Blau. Daneben wirkt die schwarz gebrannte Keramik nur auf den ersten Blick monoton. Kunstvolle Fingerdruckleisten und andere Verzierungen lockern das Erscheinungsbild der zum Teil monumentalen Gefäße auf. Die Ausstellung informiert weiter sehr plastisch über die Arbeitsabläufe in den Hafnerwerkstätten und die Handwerksorganisation. Verschwiegen werden auch nicht die Gründe für den Niedergang des Gewerbes nach Jahrhunderten der Marktführerschaft auf den Geschirrmärkten. Über den Rohstoff aus der Erde ist die Irdenware mit dem Handwerk der Ziegler eng verwandt. Dieses erlebte insbesondere im späten 19. Jahrhundert eine Blütezeit. Hier waren die ersten italienischen Gastarbeiter im Vilsbiburger Land tätig und hier liegt der Ursprung der Städtepartnerschaft mit dem friaulischen Buja. Auf zwei weiteren Stockwerken ist die Abteilung "Arbeit und Handwerk" untergebracht. In dieser bekommt der Besucher einen Eindruck von Tätigkeiten, die schon längst ausgestorben sind: vom Wachszieher bis zum Vilsfischer, vom Weißgerber bis zum Seifensieder. Weitere Abteilungen befassen sich mit der Ortsgeschichte, den sozialen Einrichtungen in Vilsbiburg und der Archäologie. Wechselnde Sonderausstellungen mit unterschiedlichen Themen runden das reichhaltige Programm des Vilsbiburger Museums ab.

Im Dachgeschoss des Heimatmuseums ist die größte Sammlung von Kröninger Hafnerkeramik untergebracht.

Peter Barteit

Öffnungszeiten: Mittwoch 14 - 16 Uhr,
Sonntag 10 - 11.30 Uhr; zusätzlich am ersten Wochenende eines Monats Samstag und Sonntag 14 - 16 Uhr. Sonderführungen nach Vereinbarung: Telefon 08741/7828.

www.museum-vilsbiburg.de

ROTE RABEN

Damen-Volleyball auf internationalem Niveau

Der Volleyballsport hat in der niederbayerischen Kleinstadt Vilsbiburg eine lange Tradition. Aus ersten Anfängen wurde von einer Handvoll Volleyball-Enthusiasten eine Volleyballabteilung aufgebaut, die bereits in den 80er Jahren den Sprung in die erste Bundesliga geschafft hatte; ausschließlich mit Vilsbiburger "Eigengewächsen". Nach einer kurzen Durststrecke begann in den 90er Jahren dann der Wiederaufbau und im Jahr 2001 war man erneut in der ersten Liga angelangt. Das ist bis heute so geblieben. Die besten Ergebnisse waren in den Spielzeiten 2004/2005 und 2005/2006 erzielt worden. Beide Male beendeten die Roten Raben als Vizemeister die Bundesliga-Saison.

Acht Volleyball-Begeisterte haben sich unter der Federführung von Ekkehard Wetzel zusammengefunden und am 2. Oktober 1971 die Abteilung gegründet, die erst "Turnspiele" und dann Abteilung "Volleyball" im TSV hieß. Erster Abteilungsleiter war Elmar Staffler, der zwei Jahre später von Franz Schober abgelöst wurde. Der Spielbetrieb

In der Saison 2004/05 und 2005/06 holten die Roten Raben den Titel des Deutschen Vizemeisters nach Vilsbiburg.

wurde mit einer Herrenmannschaft in der Bezirksliga aufgenommen. 1972 kam eine Damenmannschaft dazu, die gleich bis in die Landesliga Süd aufstieg. 1981 gelang der Aufstieg der Damen in die erste Bundesliga. Das Vilsbiburger Team spielte dort neun Jahre. In dieser Zeit - im April 1987 - trennte sich die Volleyballabteilung vom TSV Vilsbiburg und wurde ein eigenständiger Verein, der VSV.
1995, die Damen waren wieder bis in die Bezirksliga abgerutscht, übernahm Klaus-Peter Jung-Kronseder das Ruder beim Vilsbiburger Volleyballverein. Eines seiner Hauptanliegen war stets der Auf- und Ausbau der Nachwuchsmannschaften. Durch sein Konzept brachten es die Volleyballer in den Spitzenjahren auf 23 Jugendteams. Parallel dazu orientierte sich der Verein aber auch schnell in Richtung Leistungssport. Was folgte war der Durchmarsch der Damen von der Landes- in die Bundesliga und die kontinuierliche Entwicklung zu einem der nachwuchsstärksten Volleyball-Clubs in Deutschland. Im November 1998 gingen die Vilsbiburger Volleyballer wieder einen neuen Weg. Sie benannten sich in "Rote Raben Vilsbiburg" um und sorgen seither mit einem attraktiven Rahmenprogramm dafür, dass jedes Heimspiel zu einem gesellschaftlichen Ereignis wird. Dennoch setzten die Roten Raben nicht zum Höhenflug an und verloren nicht die Bodenhaftung. Dank einer soliden Finanzpolitik entwickelten sie sich Schritt für Schritt weiter und haben sich in der deutschen Volleyballszene einen guten Namen erarbeitet.

Harald Schwarz

www.roteraben.de

Hochklassiger Volleyballsport verbunden mit einem attraktiven Rahmenprogramm machen die Heimspiele der Roten Raben zum besonderen Erlebnis.

Zwischen GROSSER und KLEINER VILS

Neufraunhofen / Baierbach

Seite 64, links, die Pfarrkirche St. Andreas in Baierbach. Oben, Luftbildaufnahme des Barockschlosses in Neufraunhofen. Unten, Skulptur des St. Theobald am Dorfbrunnen in Neufraunhofen.

Seite 65, eingebettet in das altbayerische Hügelland - Blick über Baierbach.

Die Gemeinden Neufraunhofen und Baierbach sind geschmeidig in das freundliche Hügelland zwischen Kleiner und Großer Vils hineingebettet. Heute prägen sichere Straßen, moderne Sportanlagen und neue Siedlungen die Ortsbilder, und doch ist auch die bäuerliche Tradition noch überall präsent. Die vielen Einödhöfe deuten auf eine frühe Besiedlung dieser Gegend hin, die sich tatsächlich auch urkundlich nachweisen lässt. Neufraunhofen und Baierbach bildeten zusammen mit Altfraunhofen die Hauptachse der Reichsherrschaft Fraunhofen - bis zu deren Ende im Jahr 1806. Der nur wenige Kilometer hinter Neufraunhofen versteckte Weiler Georgenzell taucht schon 889 in einer Regensburger Urkunde auf. 120 Jahre später werden erstmals die Edlen von Fraunhofen erwähnt, die Ende des 14. Jahrhunderts im heutigen Neufraunhofen ein Schloss errichteten, das noch heute das Ortsbild prägt. Die Fraunhofen starben 1865 aus und wurden von der Familie von Soden beerbt. Die Gemeinde Neufraunhofen, in der nach dem 2. Weltkrieg viele schlesische Vertriebene eine neue Heimat fanden, gehört seit 1978 zur Verwaltungsgemeinschaft Velden. Sie hat keine eigene Schule mehr, aber dafür einen Kindergarten. Die Bevölkerungszahl liegt seit Jahren ziemlich konstant bei etwa 1100 Einwohnern. Das Ortsleben wird geprägt von den Vereinen. Der bekannteste ist der Trachtenverein Hinterskirchen, nicht zuletzt durch seine Auftritte bei den Olympischen Spielen 1972 und 1976. Das drei Kilometer von Neufraunhofen entfernte Nachbardorf Hinterskirchen, das erstmals 1150 erwähnt wird, war Sitz eines bäuerlichen Adelsgeschlechts. Die bekanntesten Denkmäler der Gemeinde sind neben Schloss und Schlosskirche in Neufraunhofen die Jugendstilkirche in Hinterskirchen und das Burgloch, eine Wallanlage aus dem Mittelalter, um die sich viele Sagen ranken.

Baierbach, wie Hinterskirchen im Lernbachtal liegend, besitzt zwei denkmalgeschützte Kirchen, die Pfarrkirche St. Andreas und die spätgotische Filialkirche Zu unserer lieben Frau. Die Geschichte des Dorfes reicht bis ins

Zwischen GROSSER und KLEINER VILS

8. Jahrhundert zurück. Baierbach zählt knapp 800 Einwohner und gehört zur Verwaltungsgemeinschaft Altfraunhofen, eine Zusammenlegung der Gemeinden wird allerdings lebhaft diskutiert.
Wie Neufraunhofen hat auch Baierbach in den vergangenen Jahren reichlich Bauflächen ausgewiesen. Lange Zeit existierten die alte bäuerliche Welt und das modernisierte Dorf noch nebeneinander. Die Bergsodlereheleute lebten auf einem Einödhof nahe Baierbach sogar noch ohne Strom und sonstige moderne Errungenschaften. Vor einigen Jahren ging diese Ära endgültig zu Ende. Dafür versprechen viele junge Familien, die gute Infrastruktur, die schöne Natur und die Nähe zu Städten wie Landshut und Vilsbiburg sowie zum Flughafen München den beiden Gemeinden eine gedeihliche Zukunft.

Hans Kratzer

Seite 66, unten, Dorfplatz in Neufraunhofen. Rechts, Umzug zum Gautrachtenfest in Hinterskirchen.

Seite 67, Luftbildaufnahme von Neufraunhofen.

Gemeinde Baierbach, Mitglied der Verwaltungsgemeinschaft Altfraunhofen,
Landkreis Landshut
Regierungsbezirk Niederbayern

Höhe: 418 m ü. NN
Fläche: 16,76 km²
Einwohner: 781
Bevölkerungsdichte: 46 Einw./km²

Ortsteile: Altweg, Unterhausbach, Oberhausbach

Gemeinde Baierbach
Rathausplatz 1, 84169 Altfraunhofen
Tel. 08705/9280, Fax 08705/92899
poststelle@vg-altfraunhofen.de
www.baierbach.de

Gemeinde Neufraunhofen, Mitglied der Verwaltungsgemeinschaft Velden,
Landkreis Landshut
Regierungsbezirk Niederbayern

Höhe: 495 m ü. NN
Fläche: 17,94 km²
Einwohner: 1.104
Bevölkerungsdichte: 61 Einw./km²

Ortsteile: Hinterskirchen, Georgenzell, Dombach, Asbach, Niederbayerbach

Gemeinde Neufraunhofen
Bahnhofstr. 42, 84149 Velden
Tel. 08742/2880, Fax 08742/28841
info@vg-velden.de
www.vg-velden.de

SCHRAZELLOCH

Erdstall in Pfaffenbach

Links, der Zugang des Erdstalls bei der Entdeckung. Rechts, trotz gezielter Forschungen ist der wahre Grund der Schrazellöcher noch immer ein Geheimnis.

Wenn nach einem warmen Sommergewitter aus den Wäldern Wasserdampf zum Himmel aufstieg, erzählte man den Kindern früher, die "Schrazeln" würden "Kücherl" backen. Die kleinen gutgesinnten Geister aus der Welt der Mythologie sind dem Volksmund entsprechend in Erdhöhlen und Felsnischen sowie in den Wäldern zu Hause. Über 600 dieser Erdställe, sogenannte "Schrazellöcher" wurden in Europa bereits entdeckt und teilweise erforscht.

Im Juli 2001 entdeckte ein Landwirt in Pfaffenbach im Landstrich zwischen der Großen und Kleinen Vils bei Erdarbeiten nahe seinem landwirtschaftlichen Anwesen ein unerklärliches Loch im Boden. Nach ersten Untersuchungen stellte sich rasch heraus, dass es sich um das Gewölbe eines unterirdischen Ganges, eines sogenannten Erdstalls handelt, der in seiner Unversehrtheit eine außergewöhnliche Sensation darstellt. Der zwischen 45 und 60 Zentimeter breite Höhlengang, dessen Boden 4,50 Meter unter der Erdoberfläche liegt, führt 4,45 Meter tief in den Hang hinein. Die Anlage ist in eine standfeste Feinsandlage eingearbeitet. Im Gang befinden sich drei Wandnischen sowie eine bodennahe bogenüberwölbte Nische. Am Gangende sind drei große Nischen sorgfältig aus dem Sand herausgearbeitet.

Der Ursprung der Erdställe wird im Volksmund oft in Verbindungs- oder Geheimgängen gesucht. Die Gänge unter Kirchen, Friedhöfen und alten Siedlungsplätzen stammen vermutlich aus der Zeit zwischen 800 und 1100 n. Chr., als das Christentum noch nicht alle Reste des Heidentums verdrängt

hatte. Die Möglichkeit, dass der Erdstall von Pfaffenbach dem kultischen Bereich zuzuordnen ist, gewinnt gegenüber den Theorien eines Zufluchtsortes oder eines geheimen Ganges immer mehr Gewichtung. Die sakral anmutenden Wandnischen, die feine Abdeckung des Bodens sowie weitere Besonderheiten der Anlage würden dafür sprechen. Trotz gezielter Forschungen hat sich der wahre Grund und Zweck der geheimnisvollen Schrazellöcher noch nicht eindeutig geklärt.

Eine Dokumentation über das "Schrazelloch" in Pfaffenbach ist im Heimatmuseum in Vilsbiburg zu finden.

www.erdstall.de

SCHLOSS NEUFRAUNHOFEN

Kulturdenkmal ersten Ranges

Im Schatten hoher Mauern und mächtiger Bäume entzieht sich das Barockschloss in Neufraunhofen weitgehend den Blicken der Passanten. In seiner ländlichen Abgeschiedenheit hat es die Wirren der vergangenen Jahrhunderte fast schadlos überstanden. Zu Recht gilt es als ein Kulturdenkmal ersten Ranges.

Das herrschaftliche Ensemble, das sich weitläufig über den nördlichen Dorfrand erstreckt, umfasst neben dem Schloss einen Park, mehrere Gärten, eine Kirche sowie großzügig angelegte Verwaltungs- und Wirtschaftsgebäude und verströmt die Atmosphäre einer altbayerischen Hofmark aus dem 18. und 19. Jahrhundert. Der Kupferstich, den Michael Wening 1723 angefertigt hat, beweist, dass sich der Komplex in den vergangenen 300 Jahren nur wenig verändert hat. Das Schloss, die landwirtschaftlichen Gebäude, die 1645 gebaute Postwirtschaft, das alte Gerichtshaus, die Torbögen und Durchfahrten, die Häuser der Hofmark – alles atmet Geschichte.

Früher beherbergte das Schloss neben der Ökonomie auch eine Schule, ein Kloster, ein Wirtshaus, eine Kelterei. Heute ist es als Wohnstatt der gräflichen Familie von Soden-Fraunhofen nicht mehr öffentlich zugänglich, Ausnahmen gibt es nur bei Gottesdiensten und Kulturveranstaltungen.

Das Schloss wurde im 14. Jahrhundert errichtet. Beeindruckende Relikte aus der Gründerzeit sind die Wappensteine des Erbauerpaares Wilhelm von Fraunhofen und Clara von Montfort in der Kirche. Sein heutiges Erscheinungsbild erhielt das Ensemble bei der barocken Umgestaltung im 17. und 18. Jahrhundert.

In den Gängen des Wohntrakts ist immer noch der starke Unabhängigkeitsgeist der Fraunhofen zu spüren. Jahrhundertelang hat sich die Herrschaft gegen den Widerstand der bayerischen Herrscher als ein eigenständisches Territorium behauptet. Erst 1806 wurde Neufraunhofen mit militärischem Druck in das Königreich Bayern eingegliedert. Die Porträts an den Wänden zeigen folgerichtig nicht die bayerischen Landesherren aus dem Hause Wittelsbach, sondern die Kaiser und Kaiserinnen aus dem Hause Habsburg.

Das tausendjährige Erbe zu bewahren, fiel nicht immer leicht, besonders in Not- und Kriegszeiten. „Es ist ein enormer Aufwand, diese mehr als zwei Hektar umbaute Fläche zu erhalten", sagt der Hausherr Christoph Graf von Soden-Fraunhofen. Trotzdem sei es nirgendwo schöner als hier. Von der Terrasse aus schweift der Blick hinüber auf die Felder und Wiesen, von deren Ertrag die Familie lebt. Im großen Park rauschen die exotischen Bäume aus Amerika und Asien, die ein botanisch interessierter Vorfahre hier pflanzte. Auch Künstler und Literaten wie Graf Pocci und Kobell fühlten sich im Schloss sehr wohl. Selbst König Ludwig III. fand den Weg hierher, wie eine alte Fotografie beweist.

Hans Kratzer

Das Barockschloss in Neufraunhofen zeigt sich seit nahezu 300 Jahren fast unverändert.

Am Oberlauf der KLEINEN VILS

Vilsheim / Altfraunhofen

Seite 70, links, Pfarrkirche St. Nikolaus in Altfraunhofen. Oben, Schloss Kapfing, nahe Vilsheim mit den majestätischen Zwiebeltürmen. Unten, Flussmäander der Kleinen Vils.

Seite 71, Blick über Vilsheim.

Am Oberlauf der KLEINEN VILS

Westlich des Weilers Schröding zwischen den beiden Orten Taufkirchen im Landkreis Erding und Vilsheim im Landkreis Landshut entspringt die Kleine Vils im tertiären Hügelland. Aus drei nahe gelegenen Quellen bildet sich der Froschbach, der sich nach dem Zusammenfluss mit dem Holzenbach zur Kleinen Vils vereint. Vorbei an Vilsheim, Münchsdorf, Altfraunhofen, Geisenhausen, Dietelskirchen und Lichtenhaag fließt die Kleine Vils durch ein ursprüngliches Tal über 30 Kilometer und mit einem Höhenunterschied von 77 Metern dem Zusammenfluss mit der Großen Vils bei Rutting nahe Gerzen entgegen. Nach der Gebietsreform 1978 wurden die ehemals eigenständigen Gemeinden Gundihausen und Münchsdorf in Vilsheim eingemeindet und die Gemeinden Vilsheim und Altfraunhofen bildeten mit der Gemeinde Baierbach die Verwaltungsgemeinschaft Altfraunhofen mit Sitz in Altfraunhofen. Im Januar 2000 erhielt Vilsheim seine Eigenständigkeit zurück und wurde aus der Verwaltungsgemeinschaft Altfraunhofen ausgegliedert. Die gute Verkehrsverbindung mit der Bundesstraße B15 zur nur zehn Kilometer entfernten Bezirkshauptstadt Landshut hat in beiden Gemeinden schon früh für eine ausgeprägte Siedlungstätigkeit und eine Verbesserung der wirtschaftlichen Situation gesorgt.

Vilsheim, die erste große Siedlung am Oberlauf der Kleinen Vils, liegt inmitten weitschweifender Acker- und Wiesenfluren im charakteristischen niederbayerischen Hügelland. Zu den architektonisch herausragendsten Herrschaftssitzen im weiten Umkreis zählt das Schloss Kapfing, nördlich des Ortszentrums Vilsheim. Der majestätische Renaissancebau mit den markan-

ten Zwiebeltürmen war über 300 Jahre das Stammhaus der Grafen von Spreti.
Die abwechslungsreiche Geschichte Altfraunhofens reicht bis ins 9. Jahrhundert zurück, als sich das Geschlecht der Fraunhofen hier niederließ. Die Perle des Dorfes ist die klassizistische Pfarrkirche St. Nikolaus. Zahlreiche Grabdenkmäler im Friedhof um das Gotteshaus geben einen interessanten Aufschluss über die Geschichte der gräflichen Familien am Ort. Die "Schlossinsel", das von einem Wasserring umgebene, ehemalige Stammschloss der Frauenhofener in direkter Nachbarschaft der Kirche wurde im Sommer 2007 zu einem idyllischen Ausflugsrestaurant mit Biergarten umgebaut. Ein Besuch der "Schlossinsel" lässt sich hervorragend mit einer Wanderung durch die Natur am Oberlauf der Kleinen Vils verbinden.

Seite 72, unten, das ehemalige Wasserschloss in Altfraunhofen präsentiert sich heute als erstklassiges Ausflugsrestaurant "Schlossinsel". Rechts, Blick auf Altfraunhofen.

Seite 73, Luftbildaufnahme von Altfraunhofen.

Gemeinde Vilsheim
Landkreis Landshut
Regierungsbezirk Niederbayern

Höhe: 467 m ü. NN
Fläche: 22,77 km²
Einwohner: 2.379
Bevölkerungsdichte: 104 Einw./km²

Ortsteile: Kapfing, Kemoden, Langenvils, Gundihausen

Gemeinde Vilsheim
Schulstr. 5
84186 Vilsheim
Tel. 08706/94850, Fax 08706/948520
poststelle@vilsheim.bayern.de

Gemeinde Altfraunhofen, Mitglied der Verwaltungsgemeinschaft Altfraunhofen
Landkreis Landshut
Regierungsbezirk Niederbayern

Höhe: 462 m ü. NN
Fläche: 24,29 km²
Einwohner: 2.064
Bevölkerungsdichte: 85 Einw./km²

Ortsteil: Wörnstorf

Gemeinde Altfraunhofen, Rathausplatz 1
84169 Altfraunhofen
Tel. 08705/9280, Fax 08705/92899
poststelle@vg-altfraunhofen.de
www.altfraunhofen.de

GEISENHAUSEN

Zentrum an der Kleinen Vils

Seite 74, links, Frühling unter dem Turm der Pfarrkirche St. Martin. Oben, Blick auf Holzhausen. Unten, Skulptur des Heiligen Martin vor dem Kindergarten St. Martin.

Seite 75, Ortszentrum Geisenhausens.

GEISENHAUSEN

Rosenmontag - Ausnahmezustand in der Faschingshochburg Geisenhausen. Der ganze Markt ist außer Rand und Band und ruft sich beim Faschingsumzug den Geisenhausener Faschingsgruß "Tollemogei" zu, was soviel heißt wie: Toller Montag Geisenhausen.
Doch Geisenhausen hat neben dem schönsten Gaudiwurm im Vilstal noch vieles mehr zu bieten. Der größte Ort im Tal der Kleinen Vils mit ca. 6.300 Einwohnern hat sich im direkten Einzugsgebiet der Bezirkshauptstadt Landshut vom ländlichen Markt zu einem Unterzentrum mit Grund- und Hauptschule, einer Montessorischule sowie zwei Kindergärten entwickelt. Der beschauliche Marktplatz zeigt sich mit den aufwändig gestalteten Fassaden der alten Bürgerhäuser von seiner schönsten Seite.
Auch kulturell hat Geisenhausen vieles zu bieten. Mit den Musical-Aufführungen "Tangerine", "Eine Nacht erwacht" und "Rosa Lederhosen Viecher Spui" des Laienensembles des Förderkreises "Junge Musik"

Frühlingsstimmung mit dem Turm der Pfarrkirche St. Martin im Hintergrund.

ist Geisenhausen in den vergangenen Jahren sogar deutschlandweit in die Schlagzeilen aufgestiegen. Ein Besuchermagnet ist auch der "Historische Handwerkermarkt", der 1993 erstmals zum 600-jährigen Marktjubiläum stattfand. Das idyllisch in altem Baumbestand gelegene, solarbeheizte Freibad mit zwei Kinderbecken und einer Beachvolleyballanlage am Ortsausgang Richtung Vilsbiburg ist ein idealer Ort zum Entspannen und Erholen.

Zu den herausragenden Persönlichkeiten, die im Markt Geisenhausen lebten, zählt der Lyriker und Hörspielautor Günter Eich. Nachdem er zum Ende des Zweiten Weltkriegs in Geisenhausen stationiert war, kehrte er nach dreimonatiger amerikanischer Gefangenschaft wieder nach Geisenhausen zurück. Trotz der strengen Zensur literarischer Publikationen schuf der bedeutendste Lyriker der deutschen Sprache in den Nachkriegsjahren in seiner Geisenhausener Zeit die Grundlage für seinen späteren fulminanten literarischen Erfolg.

Die Pfarrkirche St. Martin erinnert nicht nur dem Namen nach, sondern auch architektonisch an die Martinskirche in Landshut. Der spätgotische Backsteinbau aus dem 15. Jahrhundert besticht mit einladender Ruhe durch seine harmonische Innengestaltung. Die Wallfahrtskirche St. Theobald mit ihrem sehenswerten Barockaltar galt über 400 Jahre von 1400 bis 1800 als bedeutende Pilgerstätte. 1984 wurden bei der Kirchenrenovierung eigenartige Votivgaben entdeckt, die an den einstigen Wallfahrerbrauch erinnern. Die seltsam und geheimnisvoll wirkenden aus Ton modellierten Opfergaben zur Heilung von Augen-, Ohren-, Hals- und Kopfleiden sind in zwei Nischen an der Rückseite der Kirche ausgestellt.

Die nahe Bundesstraße B299 von Landshut nach Altötting sowie der Bahnhof an der Zugverbindung von Landshut über Mühldorf nach Salzburg haben schon früh für eine positive wirtschaftliche Entwicklung Geisenhausens gesorgt. Neben der Tabakfabrik Pöschl und der Zweigstelle der Firmengruppe Dräxlmaier mit dem Seminarzentrum als größter Arbeitgeber am Ort, glänzt Geisenhausen mit einem breitgefächerten sowie starken Mittelstand und landwirtschaftlichen Betrieben.

Markt Geisenhausen
Landkreis Landshut
Regierungsbezirk Niederbayern

Höhe: 460 m ü. NN
Fläche: 62,54 km²
Einwohner: 6.328
Bevölkerungsdichte: 101 Einw./km²

Ortsteile: Diemannskirchen, Hörlkam, Hermannskirchen, Holzhausen, Salksdorf, Johannesbergham, Westersbergham, Stephansbergham

Markt Geisenhausen, Marktplatz 6
84144 Geisenhausen
Tel. 08743/96160, Fax 08743/961655
rathaus@geisenhausen.de
www.geisenhausen.de

Gasthof Oberloher
Bäckerei Rauchensteiner

TABAK PÖSCHL

In 100 Ländern weltweit zu Hause

Tradition und Fortschritt haben in der Firma Pöschl Tabak eine glückliche und äußerst erfolgreiche Symbiose gefunden. In über 100 Jahren Firmengeschichte hat sich das Unternehmen, das 1995 von Landshut nach Geisenhausen übersiedelte, vom Einmannbetrieb zu einem der führenden europäischen Rauchtabakhersteller mit weltweit 13 Tochter- und Beteiligungsfirmen entwickelt. Das Unternehmen, für das global ca. 600 Mitarbeiter in der "Pöschl Tobacco Group" tätig sind, davon 235 am Stammsitz in Geisenhausen sowie weitere 50 im deutschlandweiten Außendienst, wird in der dritten Familiengeneration von Dr. Robert Engels und Dr. Ernst Pöschl geleitet. Unter dem Motto "Qualität aus Tradition verbunden mit moderner Technik" liegt Pöschl Tabak auf einem sehr erfolgreichen Kurs. Jede zweite Schnupftabakdose, die weltweit über den Ladentisch geht, stammt aus dem Hause Pöschl in Geisenhausen. Mit einem deutschlandweiten Marktanteil von 92 % bei Schnupftabak, 11 % bei Feinschnitt (loser Tabak zum Selbstdrehen und -stopfen von Zigaretten) und 18 % bei Pfeifentabak ist Pöschl Tabak der größte deutsche konzernunabhängige Rauch- und Schnupftabakproduzent. Während sich die Produktpalette bis 1949 ausschließlich auf Schnupftabak beschränkte, wurde das Angebot schrittweise auf Feinschnitt, Pfeifentabak, Zigarillos, Zigarren und Zigaretten ausgebaut. Jährlich verlassen 230 Tonnen Schnupftabak, 200 Tonnen Pfeifentabak, 2.500 Tonnen Feinschnitt sowie 5,6 Millionen Zigarillos und Zigarren das 50.000 Quadratmeter umfassende Produktionsgelände in Geisenhausen in nahezu 100 Länder weltweit. Mit jährlich 8 Millionen verkauften Dosen ist die "Gletscherprise" der meist verkaufte Schnupftabak rund um den Globus. "Exclusiv" avancierte zur größten deutschen Pfeifentabakserie. Im Feinschnittbereich gehören die erfolgreichen Marken "Red Bull", "Brookfield", "Turner" und "Pueblo - Tabak ohne Zusatzstoffe" zum Markenportfolio.

Die sorgfältig ausgewählte Rohtabakmischung wird zum Reiben in die Tabakmühle gegeben.

www.poeschl-tobacco.de

FÖRDERKREIS JUNGE MUSIK

Rosa Lederhos´n Viecher Spui

Am Fuße der Martinskirche, dem markanten Wahrzeichen Geisenhausens, entwickelte sich in den vergangenen Jahren ein reges Kulturleben, das weit über die Gemeindegrenzen hinaus strahlt. Das international bekannte Blechbläserensemble Towerbrass, die Bläserklasse Geisenhausen oder der Förderkreis "Junge Musik" mit seinen Musicals sind nur einige der vielfältigen kulturellen Aktivitäten. Letzterer schaffte es 1993, als

Zusammen mit dem Regisseur Herbert Treutinger inszenierte der Hauptdarsteller Konrad Lents als Bauer Franz Auer (Mitte) eine perfekte Bühnenshow bei dem vorerst letzten Musical "Rosa Lederhos´n Viecher Spui".

erfolgreichste Laienspielgruppe der Welt, mit über 150 ausverkauften Vorstellungen des legendären Musicals "Tangerine" sogar in das "Guinnessbuch der Rekorde".

Der rauschende Erfolg des dritten Musicalprojekts "Rosa Lederhos'n Viecher Spui" sprengte im Sommer 2005 nochmals alle Erwartungen. Das Stück, eine bayerische Adaption der "Rocky Horror Picture Show", setzte neue Maßstäbe eines Laienmusicals. Mit einer verrückten Explosion von Gags zogen die beiden Geisenhausener "Musical-Macher" Konrad Lents mit seiner schier unerschöpflichen Kreativität und Herbert Treutinger als Regisseur die Besucher in den Bann der skandalösen Geschichte um die naiven Teenager Claire Grube und Claus Thaler. Nach einer Autopanne in einer Unwetternacht landen die beiden im absurden Traum eines sexbesessenen Landwirts mit seinen transsilvanischen Liebeskünsten. Vor der beschaulichen Kulisse eines verlassenen Einödhofes präsentierte der Förderkreis “Junge Musik” unter freiem Himmel eine exzentrische Show aus einer anderen Galaxie mit einer professionellen sängerischen und schauspielerischen Leistung. Amüsant wurden dabei die bayerischen Lebensgewohnheiten und Traditionen auf die Schippe genommen.

Ehrenamtliches Engagement, Leidenschaft, Freundschaft und Verantwortung sind die Grundpfeiler des Förderkreises “Junge Musik”, die solche ehrgeizigen Projekte gelingen lassen. Doch die großartigen Erfolge sind zugleich eine große Herausforderung für die Zukunft. Man darf sich schon auf das nächste Projekt des Förderkreises freuen. Ein regelmäßiger Blick auf die Website lohnt sich auf jeden Fall, um über die neuesten Aktivitäten auf dem Laufenden zu bleiben.

www.foerderkreisjungemusik.de

Phil Hartlmeier in der Hauptrolle des "Gick Gock", umgeben von der Hühnerschar.

ERICH WINKLER

Niemals aufgeben ist sein Weg zum Erfolg

Von den ersten Laufversuchen mit einer Prothese bis zur ersten Radfahrt dauerte es nur vier Monate - nach drei weiteren Jahren stand Erich Winkler bei den Paralympics in Athen auf dem Siegerpodest.

Die vergangenen sechs Jahre des Geisenhausener Familienvaters Erich Winkler erscheinen, als wäre sein Leben einer Achterbahn gleich vom tiefen Fall zum nächsten steilen Aufschwung katapultiert. Es geschah am Freitag, dem 13. April 2001. Nur wenige Kilometer von zu Hause entfernt stürzte Erich Winkler in einer scharfen Kurve mit seinem Motorrad. Fast ungebremst rutschte er über die Straße und blieb an einem Pfosten der Leitplanke hängen. Der rechte Arm wurde ihm abgerissen, das linke Bein war so schwer verletzt, dass es am Knie amputiert werden musste. Fünf Wochen im Koma - sein Leben hing an einem seidenen Faden.

Der Weg von den ersten Laufversuchen mit einer Prothese bis zu den ersten Kilometern auf dem Fahrrad dauerte nur 4 Monate. Kurz darauf stand für Erich Winkler das persönliche Ziel fest, an den Paralympics teilzunehmen. Mit einem unglaublichen Kämpferherz und dem Rückhalt seiner Frau Karin und seiner beiden Töchter setzte sich Erich Winkler bereits 2003 an die Spitze der europäischen Behinderten-Radsportszene.

Nur dreieinhalb Jahre nach dem Motorradunfall stand Erich Winkler bei den Paralympics 2004 in Athen auf dem Höhepunkt seiner Radsportkarriere. Im kombinierten Straßenrennen und Zeitfahren kam er im ersten Wettbewerb nur auf den für ihn enttäuschenden fünften Platz. Zwei Tage später beim entscheidenden Zeitfahren ging es für den sympathischen Geisenhausener darum die kleine Chance auf eine Medaille noch zu nutzen. Die Starter werden beim Zeitfahren

im Minutenabstand auf die Strecke geschickt. Erich Winkler rollt von der Startrampe weg. Sein 30-köpfiger Fanclub auf der Tribüne feuert ihn an. Er gibt alles, kämpft sich ins Rennen zurück. Mit der zweitbesten Zeit im Einzelzeitfahren fährt er über die Ziellinie. Völlig ausgepumpt vergräbt er sein Gesicht in einem Handtuch und wartet auf die Auswertung des Gesamtergebnisses. Plötzlich Schreie aus dem Publikum: "Bronze, Bronze, Erich, Du hast Bronze!", das ganze Team springt auf und umarmt ihn. Der fünfte Platz beim Straßenrennen und Platz zwei im Zeitfahren reichte mit einem hauchdünnen Vorsprung zur Bronzemedaille. Bei der Siegerehrung werden die Nationalhymnen gespielt und die Medaillen und Lorbeerkränze überreicht. Plötzlich laufen zwei Kinder durch den streng abgeschirmten Bereich vorbei an den Offiziellen. Die beiden Töchter Linda und Alexa steigen zu ihrem Vater aufs Podest und umarmen ihn. Mit Tränen in den Augen stehen die drei in einem Meer aus Emotionen bis zum Ende der Hymne auf dem Siegertreppchen. Es war ein Bild der Spiele - ein Bild, das um die Welt ging.

Nach zahlreichen Erfolgen auf deutscher und europäischer Ebene steht mit den Paralympics 2008 das nächste große sportliche Ziel bevor. Ob der große Traum von der Teilnahme an den Spielen in Peking wahr wird, erfahren Sie auf der Homepage.

www.erich-winkler.com

Links, die deutsche Nationalmannschaft bei einem Trainingslehrgang auf Mallorca. Rechts, oben, Siegerfoto mit Erich Winkler (rechts) bei den Paralympics 2004 in Athen. Unten, mit der Teilnahme an den Paralympics in Peking steht bereits das nächste sportliche Großziel bevor.

SCHALKHAM

"Ärmste" Gemeinde Bayerns

Seite 84, links, der Kirchplatz der Filialkirche St. Rupert in Leberskirchen. Oben, Skulptur am Dorfweiher in Johannesbrunn. Unten, Blick vorbei am ehemaligen Schulhaus auf die Pfarrkirche in Johannesbrunn.

Seite 85, Ansicht auf Johannesbrunn.

SCHALKHAM

"Wir befinden uns im Jahre 50 v. Chr. Ganz Gallien ist von den Römern besetzt. Ganz Gallien? Nein! Ein von unbeugsamen Galliern bevölkertes Dorf hört nicht auf...". Der klassische Einstieg in Asterix-Comics passt im übertragenen Sinn perfekt auf die Gemeinde Schalkham. Das "unbeugsame Volk der Gallier" verkörpern die Dorfgemeinschaften von Johannesbrunn, Leberskirchen und Schalkham. Die Rolle des Asterix übernehmen die beiden Bürgermeister Lorenz Fuchs und Martin Hofstetter als Motor für großartige Leistungen, die von der Verwaltung der Gemeinde in enger Zusammenarbeit mit ihren Bewohnern gestemmt wurden. Mit weniger als 1000 Einwohnern zählt Schalkham nicht nur zu den einwohnerschwächsten, sondern am Steueraufkommen gemessen auch zu den "ärmsten" Gemeinden Bayerns. Trotzdem hatte es die Gemeinde am Zusammenfluss der Großen und Kleinen Vils schon einige Mal in die Schlagzeilen der überregionalen Presse geschafft. Auszeichnungen wie der Bundessolarpreis 1994 und 2002 sowie der Bundesfamilienpreis 1997 bestätigen, dass in der Gemeinde Schalkham Außergewöhnliches gelei-

stet wird. So wurde in Johannesbrunn 1996 der erste Waldkindergarten Bayerns eingerichtet. Der Montessori-Kindergarten im ehemaligen Schulhaus von Johannesbrunn wurde 1999 eröffnet.

Die beiden visionären Projekte der Klostersanierung und des Gasthauses "Zur Linde" sind in den Berichten auf Seite 88 und 89 ausführlich beschrieben.

Die außerordentlich niedrige Einwohnerdichte von 41 Einwohnern/km² wirkt sich positiv auf Natur und Landschaft aus. So hatte der Landkreis Landshut bereits 1984 sechs Hektar Wiesenflächen an der Vils erworben und zum Landschaftsschutzgebiet ausgewiesen.

Seite 86, oben, Luftbildaufnahme der Pfarrkirche und des Klosters in Johannesbrunn. Unten, prunkvolle Ausstattung der Filialkirche St. Rupert in Leberskirchen.

Seite 87, Luftbildaufnahme von Johannesbrunn.

Gemeinde Schalkham, Mitglied der Verwaltungsgemeinschaft Gerzen, Landkreis Landshut, Regierungsbezirk Niederbayern

Höhe: 500 m ü. NN (Johannesbrunn)
Fläche: 23 km²
Einwohner: 938
Bevölkerungsdichte: 41 Einw./km²

Ortsteile: Johannesbrunn, Leberskirchen

Gemeinde Schalkham
Rathausplatz 1
84175 Gerzen
Tel. 08744/96040, Fax 08744/960491
info@gerzen.de
www.gerzen.de

GASTHAUS ZUR LINDE

Das besondere Dorfgasthaus

Der Biergarten des Gasthauses "Zur Linde" ist ein beliebtes Ausflugsziel am Vilstal-Radweg zwischen Vilsbiburg und Gerzen.

Dem Dorfgasthaus "Zur Linde" in Leberskirchen drohte mit der Schließung das gleiche Schicksal, das bereits schon viele kleine Wirtshäuser auf dem Land erfahren mussten. Das laut Denkmalschutzamt "erhaltenswürdige Gasthaus" mit dem idyllischen Kastanien-Biergarten direkt am Radweg zwischen Vilsbiburg und Gerzen hatte einige Pächterwechsel hinter sich und stand vor dem baulichen Verfall. Schließlich sperrte das Landratsamt den baufälligen Saal, und das Gasthaus sollte modernen Reihenhäusern weichen. Leberskirchen stand somit kurz vor dem Verlust seines gesellschaftlichen Mittelpunkts.

In einer beispiellosen Aktion wurde die "Sing- und Spielgruppe Leberskirchen e.V." als Rechtsperson zum Kauf der Gaststätte ins Leben gerufen. Nahezu alle Dorfbewohner unterstützten den Verein mit einem privaten Darlehen, um den finanziellen Kraftakt zusammen mit der Gemeinde Schalkham zu bewältigen.

1996 wurden die ersten kleineren Renovierungsmaßnahmen durchgeführt. Mit dem Ziel, den baufälligen Saal mit einer neuen Halle für gesellschaftliche, sportliche und kulturelle Veranstaltungen zu ersetzen, starteten die Leberskirchener 1997 in ein außergewöhnliches Projekt. Im Jahr 1999 und 2000 wurde mit der großartigen Eigenleistung von 5.000 Arbeitsstunden der neue, 11 x 30 Meter große Mehrzwecksaal in Holzständerbauweise fertiggestellt. Nach einer kurzen "Kunstpause" stand 2004 die komplette Sanierung der Gaststube, der Wirtschaftsbereiche und der Pächterwohnung bevor. Und wieder waren die Vereinsmitglieder zur Stelle und setzten die Pläne in über 4.000 unentgeltlichen Arbeitsstunden kostengünstig in die Realität um. Bei der Finanzierung waren staatliche Mittel aus der Dorferneuerung und die Gemeinde Schalkham behilflich.

Aus einer Vision wurde innerhalb von 10 Jahren Wirklichkeit. Die "Sing- und Spielgruppe Leberskirchen" hatte mit unglaublichem Engagement "die Linde", wie sie von seinen Mitgliedern liebevoll genannt wird, vor dem Abriss gerettet und mit neuem Leben erfüllt. Der Begriff "Gemeinschaftssinn" ist in Leberskirchen keine leere Worthülse, sondern ist von großem Zusammenhalt der Dorfgemeinschaft geprägt. Die Gaststätte mit Saal steht für kulturelle Veranstaltungen, Betriebsfeiern und private Feste für bis zu 200 Personen zur Verfügung.

Infos und Reservierungen:
Gastwirtschaft, Telefon 08744/8404
www.linde-leberskirchen.de

KLOSTER JOHANNESBRUNN

Wechselvolle Geschichte mit Happy End

"Ohne Kloster is nimmer Johannesbrunn" - unter diesem Motto formierte sich die Dorfgemeinschaft Johannesbrunn, um den Erhalt und die Wiederbelebung des ehemaligen Klosters der Barmherzigen Brüder zu sichern. Mit dem gemeinschaftlichen Projekt der Klostersanierung legte sie 2004 den Grundstein für den Erhalt des historischen Gebäudes im Ortszentrum.

Das 1861 errichtete Gebäude wurde in den vergangenen 40 Jahren für unterschiedlichste Zwecke genutzt. Nachdem die Zahl der Pfleglinge unter den Brüdern ständig stieg und im Gegensatz dazu die Frater immer weniger wurden, löste die Ordensleitung 1967 das Kloster Johannesbrunn auf. Anschließend erwarb die Firma Röderstein das Gebäude und nutzte es bis 1979 als Unterkunft für ihre Gastarbeiter. Mit der Übernahme des Klosters durch den Freistaat Bayern wurden die Räume als Asylbewerberheim mit bis zu 250 Asylsuchenden aus den unterschiedlichsten Nationen belegt. Nach einem Totalausfall der Heizungsanlage wurde das Asylbewerberheim im Winter 1996 innerhalb weniger Tage geräumt. Daraufhin stand das Gebäude leer. Es wurde sogar der Gedanke des Abrisses in Erwägung gezogen. Nach der Aufnahme in die Liste der denkmalgeschützten Bauwerke ging das Gebäude 2001 zum Grundstückspreis in das Eigentum der Gemeinde Schalkham über.

Im Jahr 2004 begann der beispiellose Beitrag der Dorfgemeinschaft Johannesbrunn zur Renovierung des Klosters. Im Oktober 2004 folgte der offizielle erste Spatenstich

Der renovierte Westflügel des Klosters in Johannesbrunn erstrahlt als kulturelle Mitte der Gemeinde Schalkham.

zur umfassenden Renovierung des West-Flügels des Klostergebäudes. Bis zur Fertigstellung unterstützten die Einwohner der Gemeinde den Umbau mit über 5.000 unentgeltlichen Arbeitsstunden und erfüllten das Zentrum im Ort mit neuem Leben.

Nach der feierlichen Einweihung des renovierten West-Flügels im September 2006 steht dieses Gebäude wieder für die kulturelle Mitte des Dorfes. Der Dorfladen im Erdgeschoss sichert die Grundversorgung der Dorfbewohner mit Lebensmitteln aller Art, insbesondere aber auch mit speziellen Angeboten aus der nahen Region. Der Bürgersaal im Obergeschoss steht jetzt für kulturelle, sportliche und private Veranstaltungen jeder Art zur Verfügung und hat sich bereits durch die regelmäßig stattfindenden Veranstaltungen des Fördervereins Kloster Johannesbrunn weithin einen guten Namen gemacht.

www.kloster-johannesbrunn.de

GERZEN

Hofmark mit besonderem Charme

Seite 90, links, der beschauliche Platz vor der Pfarrkirche St. Georg in Gerzen. Oben, Luftbild des Schlosses in Lichtenhaag. Unten, Marienfigur am Hofmarkplatz in Gerzen.

Seite 91, Ansicht über die Vils auf Gerzen.

GERZEN

Kurz nachdem die Kleine Vils bei Rutting in die Große Vils mündet, liegt der 1800 Einwohner zählende Ort Gerzen in einem der landschaftlich ursprünglichsten und schönsten Abschnitte der Vils. Das denkmalgeschützte Ensemble der Schlossanlage, des Marktplatzes sowie der Pfarrkirche St. Georg vermitteln noch heute das Ortsbild der ehemaligen Hofmark als kleine, in sich geschlossene Welt, wie sie einst im Mittelalter bestand. Der beschauliche Hofmarkplatz mit den anliegenden Bürgerhäusern, der als einziger Marktplatz Bayerns in einer Sackgasse vor der katholischen Pfarrkirche endet, strahlt einen ganz besonderen Charme aus. Die beiden alljährlichen Flohmärkte im Frühjahr und Herbst füllen den Platz und die anliegenden Straßen bis in die letzten Winkel. Hoch her geht es in Gerzen auch bei den Bauern- und Künstlermärkten im Vierseithof der Familie Wirthmüller. Der bunte Markt vor der Kulisse des blumengeschmückten Bauernhauses, bei dem ausschließlich Produkte aus der Region zum Verkauf kommen, ist ein echter Besuchermagnet.

Das imposante Renaissance-Schloss in Gerzen mit der großzügigen Gartenanlage war einst der Wohnsitz des Grafen Maximilian von Montgelas, dem ehemals mächtigsten Minister Bayerns. Das 1560 erbaute Schloss wurde 1833 von dem einflussreichen Politiker erworben und wird bis heute von der Familie Graf von Montgelas bewohnt. Mit seinen innerpolitischen Reformen sowie der Durchsetzung der Säkularisation gilt Maximilian Graf von Montgelas als Schöpfer des modernen bayerischen Staates. In einem taktischen Bündnis mit Napoleon erreichte er 1805 die Erhebung Bayerns vom Kurfürs-

tentum zum Königreich. Die Einführung der Wehrpflicht und der Schulpflicht sowie die Gleichstellung von Protestanten und Katholiken sind ebenfalls Verdienste des Grafen von Montgelas. Er verstarb am 14. Juni 1838 und liegt in der Gruft der Schlosskapelle in Aham begraben.

Das Schloss Lichtenhaag im gleichnamigen, zweitgrößten Wohnort der Gemeinde Gerzen grüßt von einer kleinen Anhöhe in der Ortsmitte weit ins Vilstal hinein. Der Herrschersitz aus dem späten Mittelalter war einst mit einem Wassergraben umgeben und befindet sich heute im Privatbesitz der Familie Schäfer. Der Gegensatz der Filialkirche St. Nikolaus mit ihren charakteristischen zwei Türmen und der Stupa im Kapellenweg als Symbol der buddhistischen Philosophie setzen ein friedliches Zeichen für mehr Toleranz und Akzeptanz unter den Weltreligionen.

Bei der Gebietsreform 1978 wurde die ehemals eigenständige Gemeinde Lichtenhaag in die Gemeinde Gerzen eingegliedert und aus den Gemeinden Gerzen, Aham, Schalkham und Kröning eine Verwaltungsgemeinschaft mit Sitz in Gerzen gebildet. Als Schulort der 6.500 Einwohner zählenden Verwaltungsgemeinschaft ging Gerzen mit einer Grund- und Hauptschule sowie einem Kindergarten hervor. Mit einer Fläche von 17 Quadratkilometern zählt die Hofmark Gerzen zu den flächenkleinsten Gemeinden Bayerns.

Oben, das Renaissance-Schloss des ehemaligen Staatsministers Graf Maximilian von Montgelas. Unten, der Hofmarkplatz mit dem Kriegerdenkmal.

Gemeinde Gerzen, Mitglied der Verwaltungsgemeinschaft Gerzen, Landkreis Landshut, Regierungsbezirk Niederbayern

Höhe: 433 m ü. NN
Fläche: 17,00 km²
Einwohner: 1.773
Bevölkerungsdichte: 104 Einw./km²

Ortsteile: Lichtenhaag, Vilssattling, Rutting

Gemeinde Gerzen, Rathausplatz 1
84175 Gerzen
Tel. 08744/96040, Fax 08744/960491
info@gerzen.de
www.gerzen.de

Buddhistischer STUPA

Symbol der Erleuchtung

Der buddhistische Stupa in einem Obstgarten eines ehemals bäuerlichen Anwesens am Kapellenweg in Lichtenhaag stellt mit der nur wenige Meter entfernten Kapelle auf engstem Raum einen interessanten Gegensatz der beiden großen Weltreligionen Buddhismus und Christentum dar. Vergleichbar mit einem Marterl als Ausdruck des christlichen Glaubens setzt der 3,30 Meter hohe Stupa ein Sinnbild der buddhistischen Philosophie, die auf dem asiatischen Kontinent beheimatet ist. Der Stupa als religiöser Kultbau stellt eine Verbindung der tatsächlichen und der spirituellen Welt und somit den Weg der Erleuchtung des Gläubigen dar. Er versinnbildlicht mit den fünf Elementen Erde, Wasser, Feuer, Luft und Raum die Grundzüge des buddhistischen Glaubens. Der quadratische Unterbau als Basis der Stupa stellt die bewegungslose Energie des Elements Erde dar. Der treppenförmige Aufbau als irdisches Zeichen der Bewusstseinsebenen führt zum halbkugelförmigen Mittelteil, dem Element Wasser, das für fließende Energien steht. Die konisch zulaufende Spitze der Stupa verkörpert das Element Feuer als emporsteigende Kraft und verdeutlicht mit den 13 kleiner werdenden Ringen die Konzentration auf das Wesentliche. Der Schirm als Symbol der Luft als auch der nach allen Richtungen freiwerdenden Energie ist gekrönt von einer Flamme als Zeichen der höchsten Stufe der Erleuchtung.

Errichtet wurde das exotische Bauwerk als erster Stupa in Niederbayern 1995 vom Münchner Anton Brand. Als Buddhist setzte er sich für den Erhalt der Jahrtausende alten, einzigartigen tibetischen Kultur ein, die nach der gewaltsamen Übernahme Tibets durch die Volksrepublik China 1951 unter Mao Zedong zu verschwinden drohte.

1998 gründete Anton Brand die Tibethilfe Deutschland e.V. als Hilfsorganisation für das ehemals eigenständige Land am Dach der Welt. Der Stupa in Lichtenhaag wurde nach einer aufwändigen Vorbereitung des Standortes zur Befriedung der Erdgeister am 7. Mai 1995 von Geshela Gendün Sangpo, dem Abt des buddhistischen Klosters Rikon, im Schweizer Kanton Zürich, in einem siebenstündigen, streng festgelegten Ritus eingeweiht.

Weitere Informationen zu Tibet:
www.tibet.org
www.tibet-initiative.de

ERLÖSERKIRCHE

Kirche im Grünen

Versteckt hinter einer Baumreihe ragt die evangelisch-lutherische Erlöserkirche am östlichen Ortsausgang Gerzens in Richtung Aham hervor. Die Herkunft und Bedeutung des unscheinbaren, denkmalgeschützten Gotteshauses ist außergewöhnlich und beginnt mit dem Ende des Zweiten Weltkrieges. In organisierten Flüchtlingstrecks wurden Menschen von Schlesien, Pommern, Siebenbürgen und dem Sudetenland in das von der Zerstörung des Krieges weitgehend verschonte Vilstal evakuiert. Mit dem Strom der Heimatvertriebenen aus dem Osten kamen auch viele Fremde evangelischen Glaubens.
Den Wunsch nach einem eigenen Gotteshaus unterstützte der "Lutherische Weltbund" und der "Weltrat der Kirchen" mit einer großzügigen Spende von 400.000 Dollar für 40 Kirchen in ganz Deutschland. Das dazu benötigte Bauholz wurde von skandinavischen oder amerikanischen Kirchengemeinden gestiftet. Für die Entwicklung eines Modellkonzeptes, das auf alle 40 Bauvorhaben anwendbar ist, wurde Prof. Dr. Otto Bartning, einer der bedeutendsten deutschen Architekten des 20. Jahrhunderts und Mitbegründer der Bauhaus-Idee, beauftragt. In seinem Lebenswerk plante der größte protestantische Kirchenbauer Deutschlands insgesamt 160 Gotteshäuser. Letztendlich entstanden zwischen 1948 und 1951 49 sogenannte Notkirchen in Deutschland.
Die Grundsteinlegung der Erlöserkirche erfolgte feierlich mit dem Erntedankfestgottesdienst am 30. September 1951. Nach nur sieben Wochen Bauzeit stand am 18. November 1951 die Einweihung der in Holzständerbauweise errichteten Kirche "im Grünen" bevor. Der Bauplatz der Erlöserkirche wurde damals extra etwas außerhalb Gerzens ausgewählt, da man davon ausging, dass die neuen Wohnsiedlungen die Kirche bald "einholen" würden und somit die Erlöserkirche wieder in den Ort rücken würde.
Zu ihrem 50-jährigen Bestehen wurde die Erlöserkirche 2001 umgebaut und instand gesetzt. Die Westfassade erhielt wieder ein großes Giebelfenster und somit wurde der Urzustand der Erbauung wieder hergestellt. Der Architekt Stephan Birnkammer entwarf das neue Taufbecken, und der Schriftzug "ICH WEISS, DASS MEIN ERLÖSER LEBT" wurde an der Giebelfassade angebracht. Diese evangelisch-lutherische Kirche überrascht mit ihrer warmen, angenehmen Atmosphäre. Die neuen Kunstverglasungen der Giebelfenster wurden von Schwester Claudia Krämer gestaltet. Dargestellt sind auf der einen Seite "der auferstandene Erlöser" und auf der gegenüberliegenden Seite "das Nichts, die scheinbare Sinnlosigkeit des Todes Christi, die stumme Zeit zwischen Karfreitag und dem Auferstehungsmorgen".

Seite 94, der Abt des buddhistischen Klosters Rikon in der Schweiz, Geshela Gendün Sangpo bei der Einweihung der Stupa.

Seite 95, die evangelisch-lutherische Erlöserkirche am Ortsausgang Gerzens Richtung Aham.

GRAF MAXIMILIAN VON MONTGELAS

Schöpfer des modernen Bayerns

Der Staatspolitiker Graf Maximilian von Montgelas zählt zu den einflussreichsten bayerischen Politikern.

Zweifellos zu den einflussreichsten Vilstalern der jüngeren Geschichte Bayerns zählt der Reformer Graf Maximilian von Montgelas. Der bayerische Staatspolitiker erwarb 1833 die ehemalige Hofmark Gerzen, Aham und Egglkofen zusammen mit den Ländereien und Besitzungen in Mangern, Johannesbrunn und Loizenkirchen. Montgelas verstarb am 14. Juni 1838 in seinem Münchner Palais und wurde seinem Wunsch entsprechend in der Gruft der Schlosskapelle in Aham beerdigt. Die Renaissanceschlösser in Gerzen und Egglkofen sind bis heute im Besitz der Nachfahren des bedeutenden bayerischen Staatsmanns.

Als Sohn eines bayerischen Generals, der in österreichischen Diensten stand und nach einem Kerkeraufenthalt bei den Türken nach Bayern zurückkam, erblickte er 1759 in Freising das Licht der Welt. Geprägt vom Denken der französischen Aufklärung studierte er in Nancy und Straßburg von 1770 bis 1776 Rechtswissenschaft. Unter dem späteren König Max I. Joseph, aus der pfälzischen Linie der Wittelsbacher, kehrte Maximilian Graf von Montgelas 1799 nach München als Berater der Regierung zurück. Mit seinen umfassenden gesellschaftlichen und wirtschaftlichen Reformen veränderte er als Außen-, Innen- und Finanzminister das Königreich Bayern zu einem modernen Rechtsstaat, der in seinen Strukturen über 200 Jahre bis heute erhalten blieb.

Es entstand ein gegliederter Beamtenstaat mit zentraler Verwaltung in München, den Regierungsbezirken und den Landkreisen als mittlere Behördenebene sowie den Gemeinden. Der Freistaat Bayern wurde dabei klar von der königlichen Dynastie getrennt. Der König hatte keinen Zugriff mehr auf staatlichen Besitz und musste seinen Unterhalt aus seinem Privatbesitz bestreiten.

Die Säkularisation von 1803 zählt zu seinen am meist kritisierten Maßnahmen. Sie hatte die Enteignung und Verstaatlichung kirchlichen Besitzes und die Aufhebung staatlicher Gewalt von kirchlichen Würdenträgern zur Folge. Viele Kultur- und Kunstgüter in Klöstern und Abteien wurden dabei zerstört oder verkauft.

Im Zuge seiner umfassenden Reformen wurde die Schulpflicht sowie die staatliche Bildungsaufsicht eingeführt und die Universitäten für alle Bürger geöffnet. Die Abschaffung steuerlicher Privilegien des Adels und die Abschaffung der Leibeigenschaft sowie die Einführung der allgemeinen Wehrpflicht, des Postwesens, der Gewerbefreiheit, der Pressefreiheit und der Pockenschutzimpfung waren nur einige seiner Neuerungen. Die Humanisierung des Strafrechts und die gesetzliche Verankerung der Glaubensfreiheit und Gleichberechtigung zählen weiter zu seinen Errungenschaften.

Das 18-jährige Wirken Graf Montgelas hatte Bayern grundlegend verändert und bis weit in die Zukunft geprägt.

KRÖNINGER HAFNEREI

Hochstehende Handwerkskunst

Die Landschaft des Krönings zwischen Landshut, Vilsbiburg und Dingolfing gilt mit den ehemals dort arbeitenden Hafnern als das größte Zentrum für Geschirrherstellung in Bayern. Voraussetzung für das seit etwa 1300 belegbare Handwerk waren das noch heute genutzte Tonvorkommen und der Holzreichtum des Kröninger Forstes.

In den früheren Gemeindebereichen Kröning, Jesendorf, Dietelskirchen und Dirnaich an der Bina produzierten in der Blütezeit des Handwerks Mitte des 18. Jahrhunderts über 120 Werkstätten hochwertiges, aber auch formal ansprechendes Gebrauchsgeschirr sowie Ofenkacheln. Die hohe Zahl von Betrieben produzierte einen Überschuss, der im Herstellungsgebiet nicht abgesetzt werden konnte. Um 1800 wird die Jahresproduktion mit einer Million Stück Geschirr beziffert! Es mussten darum Absatzgebiete weitab vom Herstellungsort gesucht werden.

Aus alten Urkunden in verschiedenen Archiven konnte ein enormes Verbreitungsgebiet für Kröninger Geschirrprodukte ermittelt werden. Schriftliche Belege der Hafner unterrichten uns, dass sie ihre Geschirrtransporte auf der Straße, auf dem Wasser (ab Kufstein innaufwärts) und ab Ende des 19. Jahrhunderts mit der Eisenbahn durchführten. Ihre Ware setzten sie - um nur die wichtigeren Verkaufsorte und -regionen zu nennen - in Landshut, München, Regensburg, Straubing, Linz, Salzburg, im Innviertel, in Südtirol, in der Oberpfalz und der gesamten Bayerwaldregion ab. So besuchten 1736 allein 43 Kröninger Hafner u. a. die Jakobi- und die Auer-Dult in München. Es verwundert also nicht, dass in den Museen dieser Regionen Hafnergeschirr aus dem Kröning gezeigt wird, so beispielsweise im Carolinum Augusteum in Salzburg, im Freilichtmuseum Dietenheim bei Bruneck im Pustertal, im Museum in Bozen. Bei Grabungen in Salzburg, Kirchberg bei Kufstein, auf Schloss Tirol und im Pustertal fanden Archäologen keramische Relikte aus dem Kröning. Außerdem ist ein großes Handelspotenzial durch Händler aus den besagten Gebieten entstanden, die die Hafnerware im Kröning mit Kraxe, Karren und Fuhrwerk abholten, um diese dann in ihren Heimatorten zu verkaufen. Der ungehinderte Verkauf auf Märkten im bayerischen Herrschaftsgebiet war durch alte herzogliche Privilegien geschützt. In diesem Zusammenhang soll auch die alljährliche Hoflieferung von Hafnergeschirr an die kurfürstliche Hofküche zu München nicht unerwähnt bleiben.

Lambert Grasmann

Das Kröninger Hafnergeschirr besticht durch seine lebhaften Farben und klassischen Formen.

AHAM

Einstiger Herrschaftssitz

Seite 98, links, die malerisch gelegene Dreifaltigkeitskirche auf einer Anhöhe über Aham. Oben, Luftbildaufnahme der frühmittelalterlichen Schlossanlage in Aham. Unten, das Kriegerdenkmal in Aham.

Seite 99, Blick auf Aham.

AHAM

Der malerische Schilfgürtel sowie der Weidenbewuchs entlang des Vilsufers und die ausgedehnten Wiesenflächen in den Talauen verleihen der Gegend um Aham ihren unverwechselbaren Charakter. Hier findet der Naturfreund eine intakte Flora und Fauna, in der Brachvögel nisten und auch die Biber heimisch sind. Im Dreieck der Landkreise Landshut, Rottal-Inn und Dingolfing-Landau entstand bei der Gebietsreform 1978 aus den Gemeinden Aham, Loizenkirchen und Neuhausen die neue Gemeinde Aham als Mitglied der Verwaltungsgemeinschaft Gerzen. Die Geschichte des Ortes Aham ist seit jeher eng mit der des Schlosses Aham verbunden. Das von einem Wasserring umgebene Schloss sowie die einstige Schlossökonomie, die Hofmühle und der Schlossanger als ehemaliger Lustgarten der früheren Besitzer sind stille Zeugen der frühmittelalterlichen Befestigungsanlage. Bis 1955 führte der gesamte Verkehr auf der Vilstalstraße durch den Hof des Ahamer Schlosses, das heute etwas abseits der Hauptstraße, am östlichen Ortsende sein verstecktes Dasein führt.

Neben dem Schloss und den beiden Dorfkirchen St. Ägidius in Aham und Sankt Dionys und Maria in Loizenkirchen zählt die Dreifaltigkeitskirche, einen Kilometer westlich von Aham, zu den historischen Sehenswürdigkeiten. Der dreieckige Turm der spätbarocken Wallfahrtskirche als Sinnbild des Kirchenpatronats sowie die außergewöhnliche Lage auf einer Anhöhe über dem Vilstal machen das Gotteshaus zu einem Kleinod der bayerischen Kirchenbaukunst.

Während das Umland der Gemeinde landwirtschaftlich strukturiert ist, prägen die Wohnsiedlungen der beiden Hauptorte Aham und Loizenkirchen das Gemeindebild. In den beiden Zentren lebt etwa die Hälfte der ca. 2.000 Gemeindebürger, die

überwiegend als Pendler in die Orte Vilsbiburg, Dingolfing und Landshut zur Arbeit fahren. Den Mittelpunkt des Ortes bildet das 1997 fertig gestellte Gemeindezentrum, mit dessen Bau dem Gemeinderat ein entscheidender Schritt zur Verbesserung der Lebensqualität in Aham gelungen ist. Die mit einer Bühne ausgestattete Lerchenhofhalle wird von zahlreichen Vereinen sowie der Schule für sportliche und kulturelle Veranstaltungen genutzt. Neben einer Sauna und einer Bundeskegelbahn steht dort ein moderner Schießstand zur Verfügung.

Auch der Kindergarten St. Barbara ist im Gemeindezentrum integriert. Mit der gemütlichen Gaststätte und dem Biergarten konnte zudem das gesellschaftliche Leben im Ort aufrecht erhalten werden. Die schulische Basisversorgung ist durch die Grundschule gesichert. Allen Sportinteressierten steht die Freisportanlage des FC Aham, die Stockhalle des ESC Aham und eine private Tennishalle zur Verfügung.

Die Geschichte des Ortes Aham (Achhaim), einer Wortbildung aus "Heim am Wasser", reicht bis in das Jahr 900, der Zeit der Ungarneinfälle zurück. Als Besitzer des Schlosses sind die Geschlechter Ahaimer, Laiminger und der Lerchenfelder nachgewiesen, deren Wappen im Gemeindewappen von Aham vereint sind. Über die Kurfürstin Leopoldine von Bayern und Ritter von Mayer ging das Schloss schließlich in den Besitz des Grafen von Montgelas, dem Schöpfer des modernen Bayerns über. Sein Leichnam fand am 14. Juni 1838 in der Gruft der Schlosskapelle in Aham seine letzte Ruhestätte.

Oben, Blumen geschmücktes Haus in Loizenkirchen. Unten, das Gemeindezentrum mit Lerchenhofhalle als kulturelle Mitte Ahams.

Gemeinde Aham, Mitglied der Verwaltungsgemeinschaft Gerzen, Landkreis Landshut Regierungsbezirk Niederbayern

Höhe: 423 m ü. NN
Fläche: 37 km²
Einwohner: 1902
Bevölkerungsdichte: 51 Einw./km²

Ortsteil: Loizenkirchen

Gemeinde Aham,
Rathausplatz 1, 84175 Gerzen
Tel. 08744/96040, Fax 08744/960491
info@gerzen.de
www.gerzen.de

SCHWESTER FRANCES

Ein Leben für die Ärmsten

Links, als charismatische Ordensfrau setzte sich Franziska Parstorfer für die Ärmsten der Armen im Himalaja-Königreich Nepal ein. Rechts, Schwester Frances bei der täglichen Arbeit mit den Kindern.

"Von Niederbayern nach Nepal" - so tituliert Christoph Thoma das Buch über das beispielhafte Leben der Ordensfrau Franziska Parstorfer aus Aham im Vilstal. Auf sehr persönliche Weise gelingt ihm der Brückenschlag von Niederbayern nach Nepal, die Annäherung an ein liebenswertes Volk und eine starke, charismatische Frau. Als Zwanzigjährige verabschiedete sich Franziska Parstorfer von ihren Eltern und Geschwistern, um in den Orden der "Englischen Fräulein" einzutreten. Mit dem starken Wunsch "armen Kindern zu helfen", begann sie die Reise in das unbekannte Indien, wo sie zwanzig Jahre ihren Dienst leistete. Freiwillig meldete sie sich 1955 in das Himalaja-Königreich Nepal. Hier fand sie eine herausfordernde Aufgabe, die sie ausfüllte. In Pionierarbeit half sie Schulen aufzubauen. Damit schenkte sie den Menschen dieses Landes ein unschätzbares Gut: Bildung. Vor allem Mädchen, die in diesem Kulturkreis stark benachteiligt werden, sollten die Chance auf eine gute Ausbildung erhalten. Noch als 70-jährige Schwester legte sie ihre Hände nicht in den Schoß, sondern begann voller Tatendrang ein weiteres Projekt. Immer strebend nach dem "Höheren" drängte sie auf die Gründung einer Schule für die "Ärmsten der Armen", die Maria-Ward-Armenschulen. Sie gab alles für diese Kinder, die schmutzig, vernachlässigt und ohne Erziehung waren. Sie gab ihnen die Würde eines menschlichen Wesens. Aus der familiären Hilfe heraus gründete ihre Schwester Johanna Penzkofer 1989 die "Nepalhilfe Aham" als Verein zur Förderung der deutsch-nepalesischen Völkerverständigung. Die Vereinsmitglieder haben es sich zur Aufgabe gemacht, in Nepal, einem der weltweit ärmsten Entwicklungsländer, die Schulprojekte von "Sister Frances" mit finanzieller Hilfe zu unterstützen und damit das Analphabetentum zu bekämpfen. Regelmäßig werden in selbstfinanzierten Reisen die Hilfsprojekte vor Ort besucht und die Entwicklung vorangetrieben. Durch verschiedene Aktionen sammelt der Verein Spenden, die ungeschmälert und ohne Verwaltungsaufwand den Menschen in Nepal zugute kommen. Auch nach dem Tod von Schwester Franziska im September 2006 geht die Hilfe weiter. Das Buch von Christoph Thoma kann über die Nepalhilfe Aham bezogen werden.

Michael Penzkofer

www.nepalhilfe-aham.de

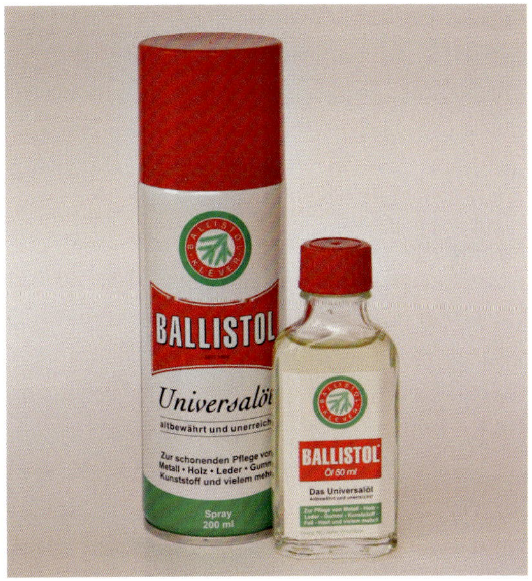

BALLISTOL

Innovatives Wundermittel

Ursprünglich als Armeeöl für Soldaten vor über 100 Jahren entwickelt, wurde das Allzwecköl Ballistol innerhalb kürzester Zeit zum geschätzten Allrounder im Haushalt und in allen technischen Bereichen. Das Produkt Ballistol überdauerte alle Wirren des vergangenen Jahrhunderts und wird heute von der innovativen Chemiefabrik Klever GmbH in Aham weltweit in über 50 Ländern auf allen Kontinenten vertrieben. Das Anwendungsgebiet des umweltgerechten und biologisch abbaubaren Öls ist so vielfältig, dass es auf den ersten Blick kaum zu glauben ist. Der "geölte Blitz" wird nicht nur zur Waffenpflege verwendet, sondern ist auch zur Pflege von Leder, Sätteln und Zaumzeug, zur Schmierung und zum Rostschutz von allen beweglichen Teilen v. a. im Haushalt, zur Imprägnierung von Holz und sogar zur Pflege von Schürf- und Schnittwunden geeignet. In einer Produktbeschreibung aus den Anfangsjahren heißt es: "Ballistol pflegt Waffen sowie alle beweglichen Teile und schützt vor Rost, desinfiziert Schürf- und Schnittwunden, ist heilsam bei Eiter-, Typhus- und Cholerabazillen, hilft bei Schweißfüßen, Frostbeulen, Marschleiden sowie Maul- und Klauenseuche, schützt Pflanzen, Mensch und Tier vor Ungeziefer, beseitigt Hautausschlag und Erkältung."
Siebzig Jahre wurde das Öl in Leverkusen hergestellt. Der Betrieb wurde in beiden Weltkriegen jeweils völlig zerstört und wieder aufgebaut. Anfang der Siebziger übernahm der Chemiker Dr. Heinrich Zettler die Firma. Aus betriebswirtschaftlichen Gründen wurde der Firmensitz 1973 nach Aham ins Vilstal verlegt. Im modernen Labor entwickelt heute Dr. Christian Zettler innovative Produkte, selbstverständlich unter dem Gesichtspunkt der Umweltverträglichkeit. Über 40 verschiedene Erzeugnisse, vom Pfefferabwehrspray, Antimückenspray, Tierpflegeprodukt, Imprägniermittel bis hin zu verschiedensten Pflegeölen stehen heute im Angebot. Das Herzstück der Firma Klever

Das Allzwecköl Ballistol wird von Aham aus weltweit in über 50 Länder auf allen Kontinenten verschickt.

GmbH ist nach wie vor das Wundermittel Ballistol. Das Erstaunliche dabei ist, dass die Zusammensetzung des Öls über 100 Jahre exakt gleich geblieben ist. Die geheime, patentierte Rezeptur von mineralischem Öl und zwölf verschiedenen Kräutern wird seit vier Generationen von den Familien Klever und Zettler gehütet. Jährlich verlassen über 700.000 Spraydosen und 200.000 Glasflaschen des Allzwecköls Ballistol die Produktionsstätte in Aham.

www.ballistol.de

Sportliche HÖCHSTLEISTUNG

Florian Gruber / Rudolf Winkler

Florian Gruber

Mit einem Kart-Schnuppernachmittag in Dingolfing begann die Motorsportkarriere des talentierten Automobil-Nachwuchspiloten Florian Gruber aus Aham. Verfolgte ihn während seiner Anfangsjahre bei den Kartrennen auf bayerischer und deutscher Ebene der Fluch des ewigen Zweiten, gelang ihm mit dem Gewinn der Fahrersichtung des ADAC erstmals der Durchbruch. Mit großer Souveränität im Cockpit seines Rennwagens und mit Unterstützung des väterlichen Freundes und Mentors Ex-Rallye-Weltmeister Walter Röhrl konnte sich Florian Gruber die vergangenen Jahre kontinuierlich an der Spitze des deutschen Rennzirkus etablieren. Bereits in seiner dritten internationalen Saison sicherte er sich den Gewinn des VW Lupo-Tourenwagencups 2003.

Nach dem Umstieg auf einen fast 300 PS starken Seat Leon gelang ihm sein vorläufig größter internationaler Erfolg, der Gewinn der europäischen Meisterschaft im "Seat Supercopa 2005". Im Jahr darauf klappte dann auch in der nationalen Meisterschaft der große Wurf: Florian Gruber sicherte sich nach einer packenden Saison am letzten Renntag den Gesamtsieg im Seat Leon Supercopa Deutschland 2006.

Nicht zuletzt dank dieses Erfolges gelang ihm 2007, mit dem Wechsel in das semi-professionelle Lager des Porsche Carrera Cups Deutschland, ein weiterer Karrieresprung. Im Team von "Herberth Motorsport" aus Jedenhofen bei Dachau geht Florian Gruber mit einem 400 PS starken Porsche Carrera

GT3 in einer der prestigeträchtigsten Rennserien an den Start.

Ob Florian Gruber sein großes Ziel, die Teilnahme an der "Deutschen Tourenwagen Meisterschaft" die nächsten Jahre verwirklichen kann, wird sich zeigen. Über die aktuellen Rennerfolge informiert die interessante Homepage des sympathischen Nachwuchssportlers.

www.gruberflo.de

Rudolf Winkler

Seit dem Jahr 2000 sammelt der Ahamer Stockschütze Rudolf Winkler in der Disziplin Zielschießen deutsche und internationale Titel am laufenden Band. Als 15-Jähriger begann er seine sportliche Karriere beim TV Reisbach. Nach dem Wechsel zurück zum ESC Aham gelang ihm 1990 mit dem Pokalsieg unter allen deutschen Stockvereinen sein erster großer überregionaler Erfolg.

1998 und 1999 konnte sich Rudolf Winkler im Zielschießen bereits unter den besten 30 Stockschützen Bayerns etablieren. Im folgenden Jahr gelang ihm mit einem Paukenschlag der internationale Durchbruch. Nach dem Gewinn der Deutschen Meisterschaft holte er sich bei der Europameisterschaft in Klagenfurt mit neuem Weltrekord den Einzeltitel sowie den dritten Platz im Mannschaftsbewerb. Von nun an folgte jährlich mindestens ein bayerischer, deutscher oder internationaler Titel. Die Höhepunkte dabei waren der deutsche Meistertitel 2001 in Schweinfurt zusammen mit seinem Clubkameraden und Onkel Michael Winkler als deutscher Vizemeister, der Mannschafts-Weltmeistertitel 2002 in Frauenfeld, der Einzel- und Mannschafts-Europameistertitel 2003 in Garmisch, der Einzel-Europameistertitel 2005 in Regensburg sowie die Weltrekordverbesserung bei der Deutschen Meisterschaft 2007 in Waldkraiburg.

Die sportlichen Erfolge des gebürtigen Ahamers sind umso beachtlicher, da ihm im Winter fast keine Trainingsmöglichkeiten für das Zielschießen zur Verfügung stehen. Bei ca. 400 Schuss an einem Wochenende für die Qualifikation eines internationalen Wettbewerbs ist ständige Höchstkonzentration gefragt, denn nicht selten entscheidet nur ein misslungener Schuss über Sieg oder Niederlage.

Seite 104, Florian Gruber im 400 PS starken Porsche Carrera.
Seite 105, rechts, der mehrfache Weltrekordhalter Rudolf Winkler.

FRONTENHAUSEN

Einzigartige Flusslandschaft

Seite 106, links, der quadratisch angelegte Marienplatz im Zentrum Frontenhausens. Oben, ein Haflingergespann mit den Ehrengästen führt den Volksfestauszug an. Untcn, Franto-Brunnen vor der ehemaligen Mälzerei.

Seite 107, Blick über Frontenhausen in Richtung Dingolfing.

In einem der landschaftlich schönsten Abschnitte der Vils liegt der in früheren Zeiten bereits bedeutende Marktort Frontenhausen. Am Vilsübergang auf dem Weg von Mühldorf über Dingolfing nach Regensburg ist die Siedlung von einer wichtigen Mautstelle im Mittelalter zu einem ländlich geprägten Handelsmittelpunkt im Vilstal gewachsen. Heute erfüllt die 4.400 Einwohner zählende Gemeinde im südlichen Landkreis Dingolfing-Landau als Kleinzentrum in sozialer, wirtschaftlicher und kultureller Hinsicht alle Belange.

Der großzügige quadratisch angelegte Marienplatz, geschmückt mit der Mariensäule, bildet das Zentrum des Ortes. Charakteristisch für das Marktbild Frontenhausens ist das bunte Bild der aufwändig gestalteten Häuserfronten. Die geschwungenen und treppenförmigen Giebel der Bürgerhäuser am Marienplatz stammen großteils aus dem 19. Jahrhundert und verkörpern den einstigen Reichtum des Ortes. Der anschauliche Backsteinbau der früheren Mälzerei erinnert an die bauliche Ästhetik vergangener Industriekultur und bildet mit dem neu gestalteten Franto-Platz an dessen Rückseite ein schönes Ensemble.

Bereits 1386 verlieh Herzog Friedrich den Frontenhausener Bürgern am Auffahrtstag, St. Jakobstag und Barbarastag das Recht einen Markt abzuhalten. Die sechs großen Marktveranstaltungen, der Mittefastenmarkt, der Osterdienstagsmarkt, der Christi-Himmelfahrtsmarkt, der Töpfermarkt, der Simonimarkt und der Nikolausmarkt sind heute nach wie vor ein fester Bestandteil des

FRONTENHAUSEN

Ortsgeschehens. Zu den herausragenden gesellschaftlichen Ereignissen im Veranstaltungskalender zählen das im zweijährigen Rhythmus abgehaltene Truckertreffen, der jährliche Töpfermarkt Anfang Juni mit internationaler Beteiligung sowie das fünftägige Volksfest. Einer der kulturellen Höhepunkte sind die vom Kabarett-Verein "Kom(m)-Postler" organisierten Kleinkunstabende, bei denen seit 1991 hochrangige Künstler wie Dieter Hildebrandt, Bruno Jonas, Konstantin Wecker, Andreas Giebel und Helmut Schleich ihre Visitenkarte im Jugendstilsaal des Postbräu abgegeben hatten.

Der Markt Frontenhausen ist umgeben von einer weiten und hügeligen bäuerlichen Kulturlandschaft. Zahlreiche Wander- und Radwege von den Auwiesen über die nahegelegenen Hügel des Vilstals erschließen die reizvolle Landschaft im Gemeindegebiet.

Die Gebietsreform 1972 brachte für die Vilstalgemeinde entscheidende Veränderungen. Vom einstigen Landkreis Vilsbiburg wurde das östliche Gebiet mit den Gemeinden Frontenhausen und Rampoldstetten abgetrennt und dem neu gebildeten Landkreis Dingolfing-Landau zugeordnet. Das größere westliche Landkreisgebiet mit Vilsbiburg fiel dem Landkreis Landshut zu. In einer maßvollen Siedlungspolitik wurden im Süden und Osten neue Wohngebiete erschlossen, die sich weit ins Hager Feld und den Gangkofener Berg hinaufziehen. Nach wie vor ragt die mächtige Kirche St. Jakobus mit ihrem schlanken Turm als Orientierungspunkt aus der Marktmitte hervor.

Neben zahlreichen Mittelstandsbetrieben zählen die Druckerei Ortmaier als Verleger des Vilstalboten sowie der Markt Frontenhausen mit seinen Einrichtungen, dem Mechtildisheim, dem Bürgerheim, dem Kindergarten sowie dem Bauhof und der Verwaltung zu den größten Arbeitgebern am Ort.

Die Marienfigur auf der Säule am Marktplatz im Gegenüber mit der Pfarrkirche St. Jakob.

Markt Frontenhausen,
Landkreis Dingolfing-Landau
Regierungsbezirk Niederbayern

Höhe: 412 m ü. NN
Fläche: 30,43 km²
Einwohner: 4.400
Bevölkerungsdichte: 145 Einw./km²

Ortsteile: Altenkirchen, Loitersdorf, Witzldorf, Rampoldstetten, Biegendorf, Wachlkofen, Eiselsdorf, Waldfried Georgenschwimmbach, Bertensdorf,

Markt Frontenhausen, Marienplatz 3,
84160 Frontenhausen
Tel. 08732/92010, Fax 08732/920150
www.markt-frontenhausen.de

WASSERSPIELE

Furt bei Loitersdorf / Flussbad s´Bodhäusl

Die Furt bei Loitersdorf wird von den Landwirten zur Überfahrt zu ihren Feldern genutzt.

Furt bei Loitersdorf

Natürliche Flussübergänge wie die Furt bei Loitersdorf waren zur Zeit der Besiedelung des Vilstals interessante Siedlungsplätze. Auch die Gründung des Ortes Frontenhausen könnte mit diesem natürlichem Übergang über die Vils auf dem Weg von Mühldorf über Dingolfing nach Regensburg zusammen hängen. Die auffallende Erhebung in der Wiese nahe der Furt ist der Rest einer sogenannten "Motte", eines Turmhügels. Im Mittelalter hob man dazu Ringgräben aus und schüttete in der Mitte einen Hügel auf, auf dem ein Holzturm errichtet wurde. Bei dem Turmhügel nahe Loitersdorf liegt die Vermutung nahe, dass er zur Bewachung der Furt gedient haben könnte.

Auf einer Länge von ca. 50 Metern wird der Vilsübergang noch heute von Landwirten für die Überfahrt zu den anliegenden Feldern genutzt. Die Schlussszene des Kinofilms "Grenzverkehr", als die drei Abenteurer mit einer waghalsigen Flussüberquerung ihren Verfolgern entkamen, wurde an der Vils bei Loitersdorf gedreht. Der Begriff "Furt" erinnert bei vielen großen Städten wie zum Beispiel Frankfurt, Erfurt, Schweinfurt und Klagenfurt an deren Gründung an einem Flussübergang.

Flussbad "Bodhäusl"

Nur ca. 500 Meter vilsabwärts der Furt oberhalb der neuen Brücke vom Frontenhausener Marktplatz Richtung Dingolfing ist eines der wenigen Flussbäder Bayerns zu finden. Im "Bodhäusl", wie das außergewöhnliche Unikat aus dem 19. Jahrhundert von den Badegästen liebevoll genannt wird, können Sonnenhungrige nicht nur in nostalgischen Erinnerungen baden. Zahlreiche Badegäste finden dort bis in die späten Abendstunden ein kühles Bad in der Vils und genießen das erfrischende Wasser. Die gute Wasserqualität der Vils im Flussbad Frontenhausen liegt unter anderem auch an der starken Selbstreinigung des Wassers während der langen Mäanderstrecke der Vils zwischen Gerzen und Frontenhausen.

Heimatanzeigenblatt VILSTALBOTE

Starker Partner in Sachen Werbung

In einem "Vilstal-Buch" darf natürlich die Geschichte des Heimatanzeigenblattes "Vilstalbote" nicht fehlen. Willi und Anna Ortmaier gründeten 1966 in Frontenhausen eine Druckerei. Damals noch ein Ein-Mann-Betrieb wurde dieser kontinuierlich erweitert und modernisiert, vor allem auch in der nächsten Generation ab 1976 durch Helmut und Georgine Ortmaier. Bereits zehn Jahre später erfolgte die Aussiedlung an die Birnbachstraße. Wie viele Firmen im Vilstal hatte auch die Firma Ortmaier am wirtschaftlichen Aufschwung Anteil und entwickelte sich - nun in der dritten Generation unter Rainer Ortmaier und seinem Bruder Stefan Ortmaier - zum größten Arbeitgeber des Marktes.

Dass dies nicht ohne Innovationskraft ging, ohne Fleiß und Zähigkeit, liegt auf der Hand. 1973 schon hatte Helmut Ortmaier die Idee, zusätzlich zur Druckerei ein Anzeigenblatt zu verlegen. Mühsam war das seinerzeit: 1100 Stück wurden wöchentlich gedruckt und für 6,50 Mark Abo-Preis im Vierteljahr verkauft. Der Firmenchef selber fuhr das Blatt an die damals 400 Besteller aus, den Rest verteilten Gattin Georgine und der jetzige Firmenchef, Rainer Ortmaier als Bub, in der Umgebung.

Als 1978 eine Gründungswelle von Anzeigenblättern über die Republik rollte, stiegen Ortmaiers ein, und der "Vilstalbote" wurde ab da kostenlos verteilt. Er finanzierte sich ausschließlich aus Kleinanzeigen und Anzeigen - und die wurden immer mehr.

Mit 130 Mitarbeitern und drei Generationen der Familie Ortmaier steht eine starke Mannschaft hinter dem "Vilstalboten" und der Druckerei Ortmaier.

Mittlerweile ist das Verbreitungsgebiet um ein Vielfaches größer. Es erstreckt sich von Taufkirchen am Oberlauf der Vils bis nach Vilshofen an der Donau in West-Ost-Richtung - und links und rechts der Vils Zug um Zug wurden auch das Isartal, das Kollbachtal und das Rottal miteinbezogen.

34 Jahre "Vilstalbote", 41 Jahre Druckerei Ortmaier in Frontenhausen an der Vils: Auch in Zeiten der Globalisierung bleibt die Familie Ortmaier dem Standort treu, auch wenn gerade in dieser Branche viele Mitbewerber im Osten produzieren. Dieses Beharren zeugt von der Bodenständigkeit eines Familienunternehmens, das mit niederbayerischem Dickschädel Moderne und Tradition symbiotisch zusammenführt. Mit der jüngsten Investition in die Verdoppelung des Firmengebäudes und in eine neue Druckmaschine, mit innovativen Ideen wie zum Beispiel dem Internetportal "Flyerpara.de" und der Investition gerade in das Kapital Mitarbeiter kann das Unternehmen Ortmaier Druck/Vilstalbote Verlag auch in Zeiten der Globalisierung nicht nur Schritt halten, sondern sogar expandieren - indem es immer einen Schritt voraus ist. **www.vilstalbote.de**

WALLFAHRTEN

Votivfunde in St. Corona / Pfingstwallfahrt

Votivfunde

Wallfahrten haben in Frontenhausen eine Jahrhunderte lange Tradition. Im August 2002 wurden bei Elektroarbeiten in der Filialkirche in Altenkirchen auf dem Dachboden über dem Kreuzgewölbe der Sakristei Hunderte von Opfergaben zur Ehre der Heiligen Corona, der Patronin der Kirche, entdeckt. Der bisher größte Fund an Votivgaben im bayerischen Raum gibt einen interessanten Aufschluss über das Brauchtum des Wallfahrens im Mittelalter.

Während Votive in Form eines Löffels vermutlich bei Magenleiden, Zahnschmerzen, Sprachproblemen und Stummheit geopfert wurden, galten die Nachbildungen von Köpfen, Armen, Beinen, Händen und Augen einem Leiden des entsprechenden Körperteils. Die Opfergaben abstrakter Tierdarstellungen von Kröten lagen vermutlich dem Kinderwunsch eines Paares zu Grunde, während die Figuren von Kühen, Pferden, Schweinen und Hunden als Opfer für eine erfolgreiche Landwirtschaft galten.

Das Heiligenlexikon erzählt über die Kirchenpatronin Corona, oder "s`Croafrauerl" wie sie im Niederbayerischen genannt wird, dass sie an zwei auseinanderschnellenden Palmen gebunden in Stücke gerissen ihren Märtyrertod fand. In diesem Zusammenhang erscheinen die Opfergaben in Form von Armen, Beinen und Köpfen bei Krankheiten oder zum Dank der Genesung verständlich.

Pfingstwallfahrt

Mit der alljährlich wiederkehrenden Regensburger Pfingstwallfahrt kommt dem Brauchtum des Wallfahrens in Frontenhausen eine besondere Bedeutung zu. Auf dem Weg nach Altötting zur Gnadenkapelle machen die ca. 6.000 Pilger bei der größten Fußwallfahrt Deutschlands Mittagspause in Frontenhausen. Der ganze Marktplatz ist mit Wallfahrern überfüllt. Nicht weniger als 60 Begleitfahrzeuge, 50 Organisatoren, 30 Sanitäter und 5 Ärzte begleiten die Wallfahrt und sorgen für einen reibungslosen Ablauf. Pünktlich mit dem Zwölf-Uhr-Läuten verlässt die ca. zwei Kilometer lange Menschenschlange Frontenhausen. Unterwegs schließen sich traditionell viele Pilger dem Zug an, so dass am Ende des ca. 111 Kilometer langen Wegs mehr als 8.000 Wallfahrer in Altötting eintreffen.

Seite 112, mit Hunderten von Votivgaben zählt der Fund in der Filialkirche in Altenkirchen zu den größten in Bayern.

Seite 113, ca. 6000 Pilger verlassen den Marktplatz Frontenhausens nach einer ausgiebigen Mittagsrast.

MARKLKOFEN

Erholungsgebiet Mittleres Vilstal

Seite 114, links, der klassische Backsteinbau des Rathauses der Gemeinde Marklkofen. Oben, Christusfigur vor der Pfarrkirche Mariä Himmelfahrt in Marklkofen. Unten, das ehemalige Bahnhofsgebäude.

Seite 115, Blick über Marklkofen auf den Ortsteil Poxau.

MARKLKOFEN

Im Zentrum des Erholungsgebiets "Mittleres Vilstal" bietet die Gemeinde Marklkofen ein abwechslungsreiches Freizeit- und Urlaubsangebot. Eine große Aufwertung der Region brachte der 1976 fertiggestellte Vilstalsee. Ursprünglich als Regenrückhaltebecken geplant entwickelte sich der See zu einem Tourismuszentrum im südlichen Landkreis Dingolfing-Landau. Auch der gesellschaftliche Höhepunkt im Veranstaltungskalender der Gemeinde spielt sich mit dem traditionellen Seefest am letzten Juliwochenende als größtes Volksfest in der Gemeinde über dem Vilstalsee ab.

Das weitläufige Netz von Wanderwegen in den Wäldern und an den Hügeln nördlich des Vilstals bietet nicht nur Urlaubern eine hervorragende Möglichkeit für eine erholsame Wanderung. Der Waldlehrpfad "Am Schindloh" ist ein ideales Ausflugsziel für Kinder mit zahlreichen Infotafeln über die artenreiche Tier- und Pflanzenwelt im Wald. Der Ausgangspunkt für den abwechslungsreichen, kinderwagengerechten Weg mit ca. 1 km Länge liegt am Ortsrand von Poxau.

Die Ortsteile Weinberg, Poxau, Steinberg und Warth an den sonnigen Hängen nördlich Marklkofens grüßen von Weitem ins Tal hinein. Die fünfeckige Anlage des Schlosses Poxau mit dem eindrucksvollen Innenhof zählt zu den historisch bedeutendsten Bauwerken in der Gemeinde. Bis zur Auflösung des Ordens der Armen Schulschwestern v.U.Lb.Fr. im Schloss und Kloster Poxau im Jahr 2006 unterhielten die Schwestern darin eine Berufsfachschule für Hauswirtschaft und Kinderpflege.

Nur drei Kilometer östlich des Schlosses Poxau thront in Warth, dem Heimatort der Vilstalheiligen Wolfsindis, ein über 800

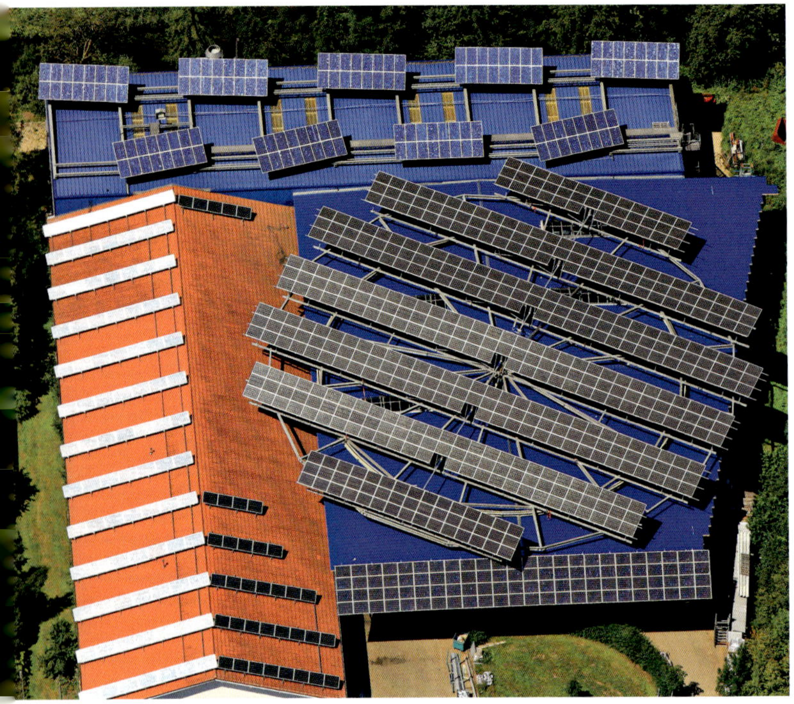

Jahre altes Schloss über dem Vilstal. Die geschichtsträchtige Schlossanlage Warth wurde Anfang der 1950er Jahre vom Industriellen Adolf Mann erworben und von Anfang der 60er Jahre bis Ende der 80er Jahre als Produktionsstätte für Filter genutzt. Mit der Erweiterung der Produktion in die ehemalige Nudelfabrik in Marklkofen legte die Firma MANN+HUMMEL 1962 den Grundstein für das heutige Filterwerk.

Mit den beiden großen Arbeitgebern, dem Filterwerk MANN+HUMMEL und dem Ziegel- und Klinkerwerk Girnghuber gilt Marklkofen als wichtigster Industriestandort im südlichen Landkreis Dingolfing-Landau. Beide Werke stellen zusammen 2.800 Arbeitsplätze und zählen somit zu den wichtigsten Arbeitgebern der Region.

Am 10. Mai 2001 unterzeichneten die Bürgermeister Martin Geltinger und Lech Marek Szablowski die Partnerschaftsurkunde der Gemeinden Marklkofen und Sniadowo. Die polnische Gemeinde liegt im Landkreis Lomza im äußersten Osten von Polen nahe der Grenze zu Weißrussland.

Aus den ehemaligen Gemeinden Marklkofen, Steinberg und Poxau entstand 1970 im Rahmen der Gebietsreform die erste Großgemeinde im Vilstal. 1978 wurde die Gemeinde einer Verwaltungsgemeinschaft mit dem Markt Frontenhausen zugeordnet. Nur 2 Jahre später erhielten Marklkofen und Frontenhausen auf Beschluss der Landesregierung ihre Eigenständigkeit wieder zurück.

Oben, moderne Photovoltaikanlagen auf einem Betriebsgebäude in Gindlkofen. Unten, Vorplatz der Grundschule in Marklkofen.

Gemeinde Marklkofen
Landkreis Dingolfing-Landau
Regierungsbezirk Niederbayern

Höhe: 408 m ü. NN
Fläche: 40,72 km²
Einwohner: 3.731
Bevölkerungsdichte: 92 Einw./km²

Ortsteile: Poxau, Steinberg, Aiglkofen, Warth, Weinberg, Aunkofen, Freinberg, Ulrichschwimmbach

Gemeinde Marklkofen, Bahnhofstr. 5,
84163 Marklkofen
Tel. 08732/91190, Fax 08732/911950
gemeinde@marklkofen.de
www.marklkofen.de

INRI
XII
STATION

Kalvarienberg

Der Kalvarienberg in Poxau hatte über Jahrhunderte Pilger aus dem weiten Umkreis in besonderem Maße angezogen. Noch heute suchen jährlich ca. 5.000 Wallfahrer den stillen Ort auf der Anhöhe westlich der Dorfkirche St. Georg für ein Gebet oder eine kleine Auszeit aus dem Alltag auf. Die exponierte Lage mit dem herrlichen Blick auf das ehemalige Kloster Poxau und ins Vilstal sowie die außergewöhnliche Ausstattung machen den Kalvarienberg zu einem echten Kleinod der niederbayerischen Glaubensgeschichte. Adam Lorenz Wolfgang Freiherr von Alt- und Neufraunhofen ließ die Darstellung der überlebensgroßen Kreuzigungsgruppe mit Jesus und den beiden Schächern sowie den Kreuzweg entlang dem Fußweg 1710 errichten. Die letzte der 14 Kreuzwegstationen befindet sich in der Grotte mit dem "Heiligen Grab" unter der "Kapelle zur Schmerzhaften Muttergottes". Für einen Besuch der Kirche und der Grotte kann man sich im nahegelegenen Pfarrheim in Marklkofen anmelden.

Schloss Poxau

Erhaben und stimmungsvoll grüßt das Schloss Poxau von der Anhöhe über dem Ort weit ins Vilstal hinein. Das im unregelmäßigen Fünfeck erbaute Schloss des Rittergeschlechts der Poxauer stammt vermutlich aus dem 15. Jahrhundert. In einer Schenkung des Reichsfreiherrn Karl August Clemens von und zu Alt- und Neufraunhofen, dessen Familie das Schloss durch Kauf 1653 erwarb, ging es am 1. Dezember 1857 an den Orden

POXAU

Kalvarienberg / Schloss Poxau

der Armen Schulschwestern über. Im Flair des großzügigen, lichten Innenhofs unterhielt der Orden seit 1972 eine renommierte Berufsfachschule für Hauswirtschaft und Kinderpflege. Nach ihrer 149-jährigen Schaffenszeit verließen im Oktober 2006 die letzten Schwestern des Ordens das Kloster und die Schule wurde aufgelöst. Laut dem 1858 geschlossenen Vertrag ging das Schloss in das Eigentum des früheren Besitzers, der Familie des Grafen von Soden-Fraunhofen zurück.

Seite 118, die überlebensgroße Kreuzigungsgruppe am Kalvarienberg in Poxau. Seite 119, Blick auf das Schloss Poxau.

MANN+HUMMEL / Girnghuber

MANN+HUMMEL GmbH

Unten, das Betriebsgelände des Filterwerks MANN+HUMMEL in Marklkofen. Rechts, mit einem hohen Qualitätsanspruch wird im Ziegel- und Klinkerwerk Girnghuber ein vielfältiges Produktangebot gefertigt.

Der Standort Marklkofen des Filterherstellers MANN+HUMMEL ist mit weit über 2.000 Mitarbeitern der größte von 41 Standorten weltweit auf allen Kontinenten. Als einer der führenden Anbieter in der Filtertechnologie hat sich MANN+HUMMEL als Entwicklungspartner und Serienlieferant der internationalen Automobil- und Maschinenbauindustrie einen Namen gemacht. Das Produktionsfeld umfasst mehrere Tausend unterschiedliche Filtertypen in höchster Qualität. Nicht weniger als 120 Millionen hergestellte Produkte verlassen jährlich das Werk. Neben der Herstellung der bekannten Wechselfilter und der unterschiedlichsten Elemente für Öl-, Kraftstoff-, Luft- und Innenraumfilter ist das Werk Marklkofen für diese Produkte auch weltweites Center of Competence. Hier werden neue Produktionstechnologien für den Einsatz auch an anderen Standorten entwickelt.
Die Produktentwicklung für alle MANN+HUMMEL Innenraumfilter befindet sich im Werk Marklkofen, die der übrigen Produkte im Stammhaus in Ludwigsburg.

www.mann-hummel.com

Girnghuber GmbH (GIMA)

Im perfekten Zusammenspiel des optimalen Rohstoffs, der über 100-jährigen Erfahrung in der Ziegelherstellung sowie der umwelt- und rohstoffschonenden Verarbeitung löst die Ziegelei Girnghuber GmbH alle Aufgaben beim Bau von zukunftsgerechten und energiebewussten Wohn- und Objektbauten. Die Produktpalette reicht vom heute noch traditionell hergestellten Handschlagziegel bis hin zum innovativen Wärmedämmziegel, der im vollautomatisierten Produktionsverfahren gefertigt wird. Die Vielfalt des Produktangebots und vor allem der hohe Qualitätsanspruch, der alle GIMA-Produkte auszeichnet, finden bei namhaften Architekten und Planern großen Anklang. Die Produktion in Marklkofen umfasst Klinker/Vormauerziegel, Mauerziegel, Dachziegel, Pflasterklinker, Hartbrandplatten, Terrakotta-Fassaden, Fassadenplatten, Ziegelelementdecken, Akustikziegel sowie die Handschlagprodukte für Fassade und Boden. So entstehen neben Massenprodukten auch ganz individuell auf Kundenwunsch gefertigte Formate. Die natürliche Farbgebung des gebrannten Tons und die unverwechselbare Oberflächenstruktur verleiht jedem Ziegel seine Einzigartigkeit und macht ihn so zum Unikat. In der Summe der verbauten Steine eines ganzen Bauwerks entsteht eine ästhetische Lebendigkeit, wie sie von keinem anderen Baustoff erreicht wird.

www.gima-ziegel.de

ZIMMERFREI AG

Urlaub auf dem Bauernhof

Wer möchte nicht einmal morgens früh vom Krähen des Hahnes geweckt werden und abseits der Touristenzentren das Leben auf einem Bauernhof hautnah miterleben. Die "Zimmerfrei AG" als Anbietergemeinschaft für einen Urlaub auf dem Bauernhof macht es möglich und bietet in der Erholungsregion "Mittleres Vilstal" einen Aktivurlaub der besonderen Art. Die ruhig gelegenen Einödhöfe in den Vilstalgemeinden Reisbach und Marklkofen öffnen den Urlaubern die "Schatztruhe Bauernhof" mit all ihrer Vielfalt und ihren Abenteuern. Das Erlebnis einer blühenden Streuobstwiese, des frischgelegten Frühstückseis und einer Wanderung durch Mischwälder und Wiesenlandschaften machen den Urlaub zum echten Erlebnis.
Von wegen Animation und Clublied - die Freizeitmöglichkeiten auf dem Bauernhof sind vielfältig und bieten gerade für Kinder einen unerschöpflichen Reichtum an neuen Entdeckungen und Abenteuern. Sei es auf dem Rücken der Pferde die Landschaft zu erkunden, in einer lauen Sommernacht unter freiem Himmel am Lagerfeuer zu sitzen oder den Bauern bei der alltäglichen Arbeit am Hof zu unterstützen. Natürlich kann man bei der frischen Landluft auch einmal ordentlich ausschlafen und die Seele baumeln lassen. Ein Urlaub auf dem Bauernhof ist eine herrliche Erholung für die ganze Familie und nicht zuletzt eine preisgünstige Gelegenheit einen ökologisch wertvollen Urlaub vor der Haustür zu gestalten. Der nahe gelegene Vilstalsee im Zentrum der Region bietet sowohl für Badegäste, Angler, Surfer und Segler vielfältige Freizeitmöglichkeiten. Rund um den Stausee erschließen viele Rad- und Wanderwege die herrlichen Mischwälder und die reizvolle Landschaft des "Mittleren Vilstals".

Auskünfte über die "Zimmerfrei-AG" sind im Tourismusreferat des Landkreises Dingolfing-Landau unter Tel. 08731/327100 und auf der Homepage erhältlich.

www.zimmerfrei-ag.de

Die "Zimmerfrei AG" öffnet den Urlaubern die "Schatztruhe Bauernhof".

VILSTALSEE

Größter See Niederbayerns

Ein Wasservolumen von 9,3 Millionen Kubikmetern, eine Staudammlänge von 1.790 Metern, ein Einzugsgebiet von 666 Quadratkilometern und eine maximale Wasserfläche von 359 Hektar - all diese Zahlen drücken nur im Ansatz aus, was der Vilstalsee für die Bewohner des Mittleren Vilstals bedeutet. Er ist das Zentrum eines großartigen Naherholungsgebietes im südlichen Landkreis Dingolfing-Landau und zugleich Teil eines im Vilstal einzigartigen Naturschutzgebietes.

Um die Hochwassersituation im Mittleren und Unteren Vilstal als Folge der naturfremden Flussregulierungen in den 60er Jahren wieder zu kontrollieren, wurde 1972 bis 1975 vom Freistaat Bayern der Vilstalsee als Regenrückhaltebecken errichtet. Der westliche Teil des Sees mit dem Schilfbereich und den angrenzenden Wiesen wurde 1984 zum Naturschutzgebiet "Vilstal bei Marklkofen" erklärt. Auf einer Fläche von 175 Hektar entwickelte sich ein artenreiches Naturreservat als Rückzugsgebiet für Weißstörche, Kiebitze sowie weitere Tiere und Pflanzen der Feuchtwiesen. Um den Artenreichtum dieser Wiesen mitsamt ihrer Blütenvielfalt und ihrem Tierreichtum zu bewahren, wirtschaften die Landwirte ohne Düngung und mähen so, dass die Pflanzenarten blühen und Samen bilden können. In den breiten Schilfzonen des Vilstalsees brüten Rohrsänger, Haubentaucher und die Rohrweihe. Auch außerhalb der Brutzeit ist der See ein wichtiger Rast- und Überwinterungsort für Zugvögel. Wie in jeder sensiblen Landschaft gilt auch hier das Gebot, nur auf den markierten Wegen zu gehen und diese nicht zu verlassen. Hunde gehören selbstverständlich an die Leine.

Die Liegewiese bei dem Biergarten "Seehütte" ist an sonnigen Sommertagen ein vielbesuchtes Ausflugsziel.

Obwohl bei der Errichtung des Sees der wasserwirtschaftliche Gedanke im Vordergrund stand, entwickelte sich das Gebiet um den Stausee in den vergangenen 30 Jahren zu einer Region des sanften Tourismus. Die anliegenden Ferienwohnungen, Gasthöfe mit Fremdenzimmer und der Vilstalsee-Campingplatz in Steinberg haben sich bestens auf die Urlauber eingestellt und bieten Übernachtungsmöglichkeiten zu günstigen Preisen an. Der Campingplatz, nahe dem Freibad, mit insgesamt ca. 100 Stellplätzen sowie einer Blockhütte ist ein idealer Ort für alle, die fernab vom Massentourismus einen erholsamen Urlaub genießen möchten. Das Freibad Steinberg bietet mit einem Kinder-, einem Nichtschwimmer- und einem Schwimmerbecken, einer herrlichen Liegewiese, einer Beachvolleyballanlage und einer großen Wasserrutsche hervorragende Bedingungen für Familien bis hin zum sportlich ambitionierten Schwimmer.

Dank seiner offenen Lage im breiten Vilstal ist der See auch ein Eldorado für Segler, Surfer und Skysurfer. An windigen Tagen sind vorzugsweise am Nordufer zahlreiche Segelboote und Surfer anzutreffen. Die Badegäste bevorzugen an sonnigen Tagen die Liegewiese im Freibad bei Steinberg sowie das Seebad am südöstlichen Ufer nahe Reisbach. Im Freibad sowie im Seebad versorgt ein Kiosk die Besucher mit Erfrischungen und Snacks. Der Biergarten "Seehütte" an der Liegewiese nahe Reisbach ist an lauen Sommerabenden eine willkommene Abwechslung für ein paar gesellige Stunden.

- Touristeninformation, Tel. 08731/327100, www.ferienland-dingolfing-landau.de
- Vilstal Camping, Tel. 08734/932346, www.vilstalseecamping.de
- Freibad Steinberg, Tel. 08734/1279
- Förderverein Mittleres Vilstal, Vorstand Erwin Schleifer, Steinberg
- Anbietergemeinschaft für Urlaub auf dem Bauernhof, Tel. 08731/327100, www.zimmerfrei-ag.de

Im Vordergrund links, die Ortsteile der Gemeinde Marklkofen: Steinberg, Warth und Freinberg. Östlich hinter dem See erscheint der Markt Reisbach.

REISBACH

Mittelalterlicher Marktplatz

Seite 124, links, der kantige Turm der Pfarrkirche St. Michael überragt den Marktplatz Reisbachs. Oben, die Wolfsindis-Wallfahrtskapelle. Unten, die "Sonnenfischer" am Marktbrunnen.

Seite 125, Blick über Reisbach.

Das Unterzentrum Reisbach, der Heimatort des bayerischen Finanzministers und ehemaligen Leiters der Bayerischen Staatskanzlei, Erwin Huber, MdL zählt mit 94 Quadratkilometern Fläche zu den flächengrößten Gemeinden Bayerns. Aus ehemals acht eigenständigen Gemeinden entstand 1972 die heute 7.600 Einwohner zählende Gemeinde Reisbach östlich des Vilstalsees.

Die mittelalterliche Anlage des Marktplatzes in Reisbach begrüßt die Besucher mit seinem besonderen Charme. Nach der Freilegung des Bachlaufs am unteren Marktplatz erhielt Reisbach nicht umsonst den Bundespreis für Landschaftsarchitektur und darf sich als einer der schönsten Marktplätze Bayerns bezeichnen. Im Süden des langgestreckten, großzügigen Platzes im Ortszentrum überragt der weiß strahlende, kantige Turm der neu renovierten gotischen Pfarrkirche St. Michael erhaben den Platz. Als Gegenpol dazu schließt die kleinere, schmuckvoll ausgestattete Wallfahrtskirche St. Salvator im Rokokostil mit kunstvollen Stuckreliefs an der Decke den Platz im Norden ab.

Neben den vielfältigen Angeboten im Naherholungsgebiet rund um den Vilstalsee ist das Freizeitland "Bayernpark" in Fellbach die herausragende Ausflugsmöglichkeit. Eine herrliche Gelegenheit, die lebens- und liebenswürdige Landschaft rund um Reisbach kennen zu lernen, bietet ein Familienurlaub auf dem Bauernhof. Mit acht Anbietern für einen erholsamen Urlaub in ländlicher Atmosphäre haben sich Reisbach und Marklkofen zu einem Zentrum des sanften Tourismus entwickelt. Der nahegelegene Vilstalsee sowie die drei Freibäder, das Waldschwimmbad in Griesbach, das Freibad Steinberg und das Freibad Failnbach bieten vielfältigste Wassersportmöglichkeiten. In den Wintermonaten lädt das Hallenbad mit

REISBACH

Der schmuckvolle Altar der Wallfahrtskirche St. Salvator am Marktplatz in Reisbach. Rechts, das Rathaus der Gemeinde Reisbach.

Sauna in Reisbach auf einen Besuch ein. Das weitläufige Netz von Rad- und Wanderwegen im Vilstal und in den bewaldeten Hügeln erweitern das vielfältige Freizeit- und Erholungsangebot. Die 18-Loch-Golfanlage Schlossberg im idyllischen Hügelland sowie die Minigolfanlage bei dem Landgasthof Sonnenhof in Untergries bieten allen Freunden des Golfsports beste Möglichkeiten. Beim Kneipenfestival, das alljährlich Ende Juni stattfindet, stellt Reisbach seine vielfältige Gastronomie unter Beweis. In sieben Lokalen, Bars und Restaurants gibt es Livemusik vom Feinsten aus allen Stilrichtungen. Am östlichen Ortsrand Reisbachs erinnert die Wolfsindis-Kapelle an die heiliggesprochene Märtyrerin, die einer Sage zufolge von ihrem eigenen Vater für ihr Bekenntnis zum Christentum an einem Pferd hängend zu Tode geschleift wurde. 1817 wurde eine Kapelle über einer Quelle am Ort des Todes der "Vilstalheiligen" errichtet. Dem frischen Quellwasser, das vor der Kirche aus dem Boden sprudelt, wird eine heilende Wirkung für Augenleiden zugesprochen. Am 2. September, dem Namenstag der Wolfsindis, findet eine Prozession zur Wallfahrtskapelle statt.

Markt Reisbach
Landkreis Dingolfing-Landau
Regierungsbezirk Niederbayern

Höhe: 408 m ü. NN
Fläche: 94,16 km²
Einwohner: 7.600
Bevölkerungsdichte: 81 Einw./km²

Ortsteile: Griesbach, Oberhausen, Reith, Niederhausen, Haberskirchen, Failnbach, Englmannsberg, Niederreisbach

Markt Reisbach, Landauer Str. 18,
94419 Reisbach
Tel. 08734/490, Fax 08734/4950
markt@reisbach.de
www.reisbach.de

ERWIN HUBER

Vom Einödbauernbub zum Minister

In einem Vilstalbuch darf der bekannteste zeitgenössische Vilstaler nicht fehlen: Erwin Huber. Der bayerische Finanzminister hat eine fulminante Karriere hingelegt - auch dank seines enormen Fleißes und seiner Ausdauer. Mit mittlerweile 61 Jahren ist er konditionell drauf wie ein 50er - und weit entfernt von dem, was man Ruhestand nennt. Er selbst betont stets, dass "Ministrare" dienen heißt, und zwar als Ministrant, der er war, und auch als Minister. Arbeiten auch dann noch, wenn die anderen schon stöhnen, für den Staat, für die Partei. Dennoch möchte er daran erinnern, "dass Politiker keine Machtmaschinen sind", und er zitiert Brecht, in dessen Gedicht "An die Nachgeborenen" steht: "Weise sein heißt, sich aus dem Streit der Welt heraushalten". Und da ist Huber gerne nicht weise. Er fordert von seinen Kollegen Wahrhaftigkeit ein, mag nicht die Wischi-Waschi-Leute, die Lauwarmen, die schon das Alte Testament ausspie, und diejenigen, die sich stets ausreden auf Verwaltung oder Gesetze.

Vielleicht ist es diese Einstellung, die ihm seinen Werdegang ermöglicht hat. Nach dem Besuch der Volksschule in Reisbach und der Realschule in Dingolfing trat er 1963 in die Bayerische Finanzverwaltung ein. Neben dem Beruf besuchte er das Abendgymnasium, studierte anschließend Volkswirtschaft an der Uni München - und war natürlich Bester seines Jahrgangs.

Politisch ist er schon immer CSUler, wenngleich sein Schwiegervater, der verstorbene frühere Bürgermeister des Marktes Frontenhausen, Heribert Niedermeier, ein SPDler war. Kreistag, Landtag, Generalsekretär der CSU, 1994 die Berufung durch Ministerpräsident Dr. Edmund Stoiber als Staatsminister in die Bayerische Staatsregierung, zunächst als Leiter der Staatskanzlei, von 1995 bis 1998 als Finanzminister, von 1998 bis 2005 wiederum als Leiter der Staatskanzlei und von 2005 bis 2007 als Bayerischer Wirtschaftsminister. Nach der Berufung zum CSU-Vorsitzenden am 29. September 2007 übernahm Erwin Huber das Amt des Bayerischen Finanzministers.

Immer auf Achse, immer unter Strom. Immer voller Optimismus und Vertrauen auf eine Zukunft, die er selbst aktiv mitgestalten will. Und er ist volkstümlich, ohne peinlich zu fraternisieren - und zugleich international, Heimat verbunden und offen für jede neue Technologie.

Und das Volk liebt ihn, weil er sich nicht zu schade ist, bei Volksfestauszügen oder Ausstellungseröffnungen oder Spatenstichen in seiner Heimat dabei zu sein - auch wenn er zum Beispiel zwei Stunden vorher gerade aus Mexiko zurückgekehrt ist.

Hildegard Außerbauer-Seibl

www.erwin-huber.de

ELISABETH ESTERL

Profigolferin

Aufgewachsen auf einem Bauernhof direkt am ersten Loch des Golfplatzes Schlossberg bei Reisbach, begann Elisabeth Esterl im Alter von 12 Jahren mit dem Golfsport. Die Verbindung zum Golfen war ihr sozusagen in die Wiege gelegt. Bereits im Jugend- und Juniorenbereich entschied die bayerische Kader- und deutsche Amateurnationalspielerin viele DGV-Ranglistenturniere für sich. Auch die deutsche Amateurmeisterschaft in der Damenklasse konnte die sympathische Vilstalerin mehrfach gewinnen. Im Alter von 20 Jahren entschied sich Elisabeth Esterl für eine Profikarriere und spielt seitdem auf der "Ladies European Tour", die sie bereits im zweiten Jahr mit einem sensationellen 19. Platz beendete.

Mit einem Trainingsumfang von drei bis fünf Stunden täglich auf dem Golfplatz sowie einem umfangreichen Fitness- und Yogaprogramm hält sich die 30-jährige Profigolferin außerhalb der Turniersaison auf den Golfplätzen Portugals fit. Auch das Training der mentalen Stärke, der Konzentration auf den Ball und seine Flugbahn spielt beim Golfsport eine wichtige Rolle.

2003 war das absolute Topjahr in der sportlichen Karriere von Elisabeth Esterl. Nach dem Gewinn der KLM Ladies Open und der Tenerife Ladies Open beendete sie als Siegerin des "German Order of Merit", einer Preisgeldrangliste, als erfolgreichste Deutsche die Saison. Zu ihren besten Ergebnissen zählen weiter die zweiten Plätze bei den Irish Open 1999, den Austrian Open 1999, den South African Masters 2001, den Taiwan Masters 2001 und den Italien Open 2003. Als erste deutsche Golferin überhaupt qualifizierte sie sich 2003 für das Solheim Cup Team, dem Gegenstück zum Ryders Cup im Herren-Golf, und trug an der Seite der Engländerin Laura Davies und der Schwedin Annika Sörenstam entscheidend zum Sieg der Europäerinnen gegen das US-amerikanische Team bei. Ihren persönlichen Rekord stellte Elisabeth Esterl, die auf dem Golfplatz an ihrem Markenzeichen, den bunten Hosen zu erkennen ist, mit 65 Schlägen in Murhof bei Graz bei den Austrian Open auf.

Elisabeth Esterl hat in ihrer Karriere 139 Profiturniere bestritten und dabei 32 Top-Ten-Plazierungen erreicht. Mit insgesamt 600.000 Euro Preisgeld zählt sie zu den erfolgreichsten deutschen Golferinnen.

www.elisabeth-esterl.com

BAYERN PARK

Freizeitpark für Groß und Klein

Seit Jahren ist der Bayern Park in Fellbach bei Reisbach ein Besuchermagnet in Sachen Erlebnis und Freizeit. Er bietet für alle Altersgruppen immer wieder neue Überraschungen. Er ist das ideale Ziel für einen unvergesslichen Tagesausflug. Durch die Vielzahl seiner Attraktionen bietet der riesige Freizeitpark auf 400.000 Quadratmetern Fläche jede Menge Abwechslung für Groß und Klein. Die Blumenanlagen im Park und im Eingangsbereich des Bayern Parks sind eine Augenweide und lassen das Herz eines jeden Blumenfreundes höher schlagen. Einen Überblick verschafft dem Besucher eine gemütliche Rundfahrt mit dem Bayern-Park-Express. Der Weg führt unter anderem vorbei an der Pferdereitbahn, der Froschbahn, der Drachenbahn und der Wildwasserbahn. Die Top-Attraktionen für Jung und Alt sind die bei allen Besuchern beliebte Achterbahn und die neue, 600 Meter lange Wildwasser-Raftinganlage mit Stromschnellen, Geysiren und Wasserfall sowie ein 20 Meter hoher Aussichtsturm - die bislang größte Anlage dieser Art in Deutschland. Rasanten Fahrspaß bieten auch der "Schmetterlingstanz" und die "Wirbelnden Pilze". Die Eselreitbahn, der Schaufelraddampfer und der

Action, Spaß und Unterhaltung ist im Bayern Park garantiert.

Seite 130, links, eine Schifffahrt mit dem Raddampfer vorbei am bayerischen Schloss. Rechts, Kletterspaß an der Zugspitze.

Seite 131, links, die 2007 eröffnete Wildwasser-Raftinganlage. Rechts, die Achterbahn.

Wellenflieger sind weitere attraktive Stationen auf der Rundfahrt. Ein besonderes Erlebnis für die kleinen Besucher ist die Fahrt mit dem Schienenzug, dem Wasserkarussell, der Schweinchenbahn und der Schildkrötenbahn. Voll im Trend für Kinder ist der neue, völlig ungefährliche Kletterspaß an der "Zugspitzwand" sowie der neue Spielplatz mit "Mäuserennen", Sprungkissen und dem Kleinkinderdorf. Action bieten auch die Twinbob- und die Sommerrodelbahn.
Zahlreiche Sitzbänke, direkt an den Spazierwegen, laden zu Rast und Erholung ein. Natürlich kommen auch die kulinarischen Genüsse nicht zu kurz. Im Hofstadel und im erholsamen Biergarten sowie an den zahlreichen Kiosken werden die Besucher stets mit Erfrischungen bestens versorgt.
Der Bayern Park ist von Anfang April bis Ende September durchgehend geöffnet. Infos über die zahlreichen Veranstaltungen, Neuerungen sowie Kindergeburtstagsfeiern sind im Internet zu finden.

www.bayern-park.de

EICHENDORF

Erste Siedlung im Vilstal

Seite 132, links, Rathaus am Marktplatz Eichendorfs. Oben, "Haus der Natur" im Jugendgästehaus in Eichenberg. Unten, Marienfigur am Marktplatz.

Seite 133, Blick über Eichendorf.

EICHENDORF

Vor 7.500 Jahren ließen sich die ersten Siedler im Vilstal vom Balkan her kommend auf den fruchtbaren Lössterrassen bei Aufhausen nieder. Der Markt Eichendorf hat nach wie vor nichts von seiner Anziehungskraft verloren und präsentiert sich heute als flächenmäßig größte Gemeinde Bayerns in der reizvollen Hügellandschaft des Unteren Vilstals. Die Vils durchfließt das 100 Quadratkilometer große, landwirtschaftlich geprägte Gemeindegebiet zwischen Aufhausen und Kröhstorf. Bei den intensiven archäologischen Forschungsarbeiten unter der Leitung des Kreisarchäologen Dr. Ludwig Kreiner entpuppten sich die Grabungsstätten nahe Aufhausen als wahre Fundgrube. Die außergewöhnlichen Entdeckungen rückten die Gemeinde Eichendorf ins Interesse der europäischen Archäologieforschungen.

Zu den vielfältigen Freizeitmöglichkeiten zählen das landschaftlich herrlich gelegene beheizte Freibad zwischen Eichendorf und Adldorf sowie die 17 Kilometer langen Geh- und Radwege. Erholungssuchende, Sportler und Fitnessfreaks können auf den Wegen die herrliche Landschaft zwischen dem Isartal und dem Rottal erkunden. Neben dem Vilstalradweg bietet sich mit dem Bockerlbahn-Radweg eine interessante Verbindung Richtung Norden nach Landau und Richtung Süden auf der ehemaligen Bahntrasse über Simbach, Arnstorf und Schönau nach Pfarrkirchen an. Der 2007 neu angelegte "Gurkenradweg" von Eichendorf nach Wallersdorf erschließt das größte zusammenhängende Gurkenanbaugebiet Europas. Das ehemalige Bahnhofsgelände, gegenüber der Schule, wurde in einer Renaturierungsmaßnahme zu einer Grünzone mitten im Ort mit großem Weiher, Pavillon, Spielplatz und Schlittenhügel umgestaltet.

Das überregional bekannte Jugendgästehaus in Eichenberg mit 90 Plätzen ist ein idealer Ausgangspunkt für Schulklassen und Jugendgruppen, um Ausflüge im Unteren Vilstal zu unternehmen. Dem Schullandheim ist das "Haus der Natur" angegliedert. Nach dem Motto "von der Nordsee bis zu den Alpen" erläutert das Museum die Tier- und

Pflanzenwelt in den spezifischen deutschen Landschaftsformen. Das "Vilstaler Bauernmuseum" in Kröhstorf als zweites Museum des "Museumspädagogischen Vereins Eichendorf" zeigt eindrucksvoll und kindgerecht die Entwicklung des Lebens und Arbeitens auf dem Bauernhof in den vergangenen 150 Jahren.

Zu den herausragenden Veranstaltungen im Jahreskalender Eichendorfs zählen die fünf Märkte im Ortszentrum: der Lichtmessmarkt am Faschingssonntag mit großem Faschingsumzug, der Frühjahrsmarkt Anfang März, der Maimarkt, das Kürbisfest mit dem Marktsonntag Anfang September, der Martinimarkt mit Umritt und der Christkindlmarkt am ersten Adventswochenende.

Den neuesten wissenschaftlichen Forschungen zu Folge stammt die Familie des Dichters Joseph von Eichendorff aus dem Markt Eichendorf. Der bedeutendste deutsche Lyriker der Romantik wurde 1788 in Oberschlesien geboren. Seine Werke zählen noch heute zu den herausragendsten deutschsprachigen literarischen Aufzeichnungen. Die Novelle "Aus dem Leben eines Taugenichts" wurde in alle Literatursprachen der Welt übersetzt und mehrfach verfilmt.

Als einziges Mitglied aus dem Vilstal im ostbayerischen Wirtschaftsförderverband XperRegio zeigt sich der Markt Eichendorf auch als interessanter Industriestandort mit vielen überregionalen Betrieben. Die Gräfliche Brauerei Arco-Valley in Adldorf ist dabei der größte Arbeitgeber am Ort.

Oben, Luftbildaufnahme des Marktplatzes in Eichendorf. Unten, Schloss Adldorf.

Markt Eichendorf, Landkreis Dingolfing-Landau, Regierungsbezirk Niederbayern

Höhe: 355 m ü. NN
Fläche: 98,19 km²
Einwohner: 6.634
Bevölkerungsdichte: 68 Einw./km²

Ortsteile: Aufhausen, Adldorf, Exing, Hartkirchen, Indersbach, Kröhstorf, Lappersdorf, Perbing, Pitzling, Prunn, Reichstorf, Wisselsdorf

Markt Eichendorf, Marktplatz 5
94428 Eichendorf
Tel. 09952/93010, Fax 09952/930135
info@markt-eichendorf.de
www.markt-eichendorf.de

ARCHÄOLOGIE

Venus von Aufhausen

Bei Ausgrabungen in Aufhausen kamen schon großartige Fundstücke wie die "Venus von Aufhausen" zum Vorschein.

Mit über 2.000 bekannten Bodendenkmälern, so vielen wie in keinem anderen bayerischen Landkreis, zählt die Region Dingolfing-Landau zu den am besten archäologisch erforschten Gebieten Bayerns. Mit den spektakulären Funden der "Venus von Aufhausen", des "Goldgrabs" und des ältesten Skeletts Niederbayerns rückte Aufhausen in der Gemeinde Eichendorf urplötzlich ins Zentrum des europäischen Archäologieinteresses.

Auf einer Lössterrasse östlich Aufhausens erforscht Kreisarchäologe Dr. Ludwig Kreiner seit 1996 ein ca. 20 Hektar großes Areal, auf dem sich vermutlich die ersten Menschen im Vilstal in der Jungsteinzeit sesshaft machten. Der Siedlertreck aus Südosteuropa und Asien kam über den Balkan dort hin und fand vor 7.500 Jahren einen dichten Buchen-Eichenwald vor, den die Menschen erst in mühsamer Arbeit mit Steinäxten rodeten. Die ersten Ackerbauern brachten Rinder, Schafe und Ziegen als Haustiere mit und bauten bereits die Getreidearten Emmer, Dinkel, Flachs, Mohn und Einkorn an.

Bei den Ausgrabungen in Aufhausen konnten die Archäologen bereits einige sensationelle Funde verzeichnen. In einer Kellergrube, vergleichbar mit einem heutigen Kühlschrank, wurde 1997 die "Venus von Aufhausen", ein ca. 6.000 Jahre altes Trinkgefäß in Form eines Menschenkörpers entdeckt. Das europaweit einzigartige, ca. 34 cm hohe Kultgefäß diente vermutlich religiösen Zwecken.

In einem Grab eines etwa vierjährigen Jungen wurden 1998 neben einigen Pfeilspitzen aus Feuerstein, einer Armschutzplatte aus versteinertem Holz und einem Kupferdolch zwei hauchdünne Armbänder aus Goldblech gefunden. Von den bisher europaweit neun entdeckten Armbändern dieser Art stammen alleine drei aus der Region zwischen Aufhausen und Landau.

Im Spätsommer 2005 entdeckten Grabungsmannschaften das Skelett eines acht bis zehn Jahre alten Jungen. Die anthropologische Untersuchung ergab ein überraschendes Ergebnis: Das Kind lebte ca. 5.500 Jahre vor Christus in der Jungsteinzeit und ist somit der älteste Skelettfund in Niederbayern.

Kreisarchäologe Dr. Ludwig Kreiner ist übrigens in Sachen Grabungstourismus ein Pionier. Bereits seit den Neunziger Jahren und damit seinerzeit als erster in Deutschland, bietet er Feriengästen aus ganz Deutschland und dem Ausland Gelegenheit, als Hobbyarchäologen ihren Urlaub in Niederbayern zu verbringen - und eben mitunter auch Spektakuläres zu finden, wie die oben erwähnte "Venus von Aufhausen".

BAUERNHOFMUSEUM

Bayerisches Kulturgut bewahren

Auf über 1.000 Quadratmetern Ausstellungsfläche bewahrt der Museumspädagogische Verein Eichendorf im Vilstaler Bauernhofmuseum das Erbe der bäuerlichen Kultur aus den vergangenen 150 Jahren. Auf zwei Etagen bietet ein Rundgang einen Überblick über die Veränderungen bei der Arbeit und dem Leben auf dem Bauernhof.
Im Erdgeschoss erinnern großzügig gestaltete Dioramen an die Arbeit auf den Feldern und Wiesen bis zur Mitte des vergangenen Jahrhunderts. Die Arbeit zu den verschiedenen Jahreszeiten wird mit lebensgroßen Figuren und den verschiedenen Geräten geschickt in die dreidimensionale Hintergrundmalerei eingebunden. Zu jedem Schaubild beschreibt ein Infotext die dargestellten Arbeitsschritte vom Ackern mit einem Eisenpflug bis zum Einsatz der ersten Dreschmaschine.
Im Obergeschoss des Museumsstadels erinnern ca. 500 Exponate an das Wohnen und die Arbeit im Bauernhaus. Die lebendige Ausstellung gibt einen Einblick in eine urige Wohnstube, eine Schlafkammer, eine "Kuchel" und auf ein Backhäuschen, wie sie früher auf dem Bauernhof üblich waren. Eine originale Sattler- und Schusterwerkstatt, wie sie noch vor 50 Jahren in jedem Dorf im Vilstal zu finden waren, sind im Obergeschoss ausgestellt.
In den vergangenen fünf Jahrzehnten vollzog sich in der bäuerlichen Arbeitswelt ein radikaler Wandel. Fanden einst über 90 Prozent der Bevölkerung im Vilstal ihre Arbeit in der Landwirtschaft sind es heute nur noch ca. 3 Prozent. Der Museumsinitiator Hans Einhellig erklärt: "Wir haben es uns zum Ziel gemacht, den Kindern und den zukünftigen Generationen die harte Arbeit unserer Vorfahren auf interessante Weise zu vermitteln und die alte Handwerkskunst nicht in Vergessenheit geraten zu lassen."
Das liebevoll eingerichtete Museum im Stadel des Wieland-Hofes in Kröhstorf am Ortsausgang Richtung Aldersbach ist von 1. März bis 1. November jeden Sonntag von 13 bis 17 Uhr geöffnet. Für Sonder- und Gruppenführungen ist eine Anmeldung bei Museumsleiter Hans Einhellig, Telefon 09952/2168, erforderlich.

Die Ausstellung im Erdgeschoss zeigt die Veränderungen in der bäuerlichen Arbeit auf den Feldern.

www.schullandheim-eichenberg.de

ADLDORF

Schloss Adldorf / Brauerei Graf Arco

Seite 138, Festgespann der Brauerei Graf Arco beim Volksfestauszug in Vilsbiburg.

Seite 139, Luftbildaufnahme der Brauerei Graf Arco und der Schlossanlage Adldorf.

Schloss Adldorf

Der besondere Charme der denkmalgeschützten Schlossanlage Adldorf mit dem großen Park sowie der Pfarrkirche Maria Empfängnis vermittelt eindrücklich das Bild der ehemaligen Hofmark im Mittelalter und lassen den Atem der bayerischen Geschichte hautnah spüren. Die Gründung der Hofmark Adldorf liegt im 12. Jahrhundert. Als 1862 der Hofmarksherr Heinrich Graf von Tattenbach kinderlos verstarb, ging dessen Besitz mit dem Schloss, der Brauerei, der Mühle sowie den umfangreichen Ländereien in Bayern und Österreich an seinen Neffen Graf Maximilian von Arco Valley über. Das Schloss Adldorf und die Brauerei Graf Arco sind bis heute im Besitz der Gräflichen Familie, deren Stammburg in Arco nahe Riva am Gardasee liegt und wird von Monica Reichsgräfin von Arco auf Valley geführt. Das geschichtsträchtige Schloss Adldorf fiel bei einem Brand am 30. Dezember 1906 dem Raub der Flammen zum Opfer und wurde bereits in den folgenden beiden Jahren wieder aufgebaut.

Brauerei Graf Arco

Hinter der Bauerei Arco in Adldorf, einer der erfolgreichsten, privat geführten Mittelstandsbrauereien Niederbayerns steht ein Team von über 200 engagierten Mitarbeitern. Das innovative Unternehmen mit Depots in Bad Birnbach, Valley, Chamerau, Altheim und Heldenstein produziert jährlich ca. 300.000 Hektoliter alkoholische und alkoholfreie Getränke. Die Brauerei wurde bereits vielfach mit der DLG-Auszeichnung, dem "Preis der Besten in Gold" geehrt. Die fast 400-jährige Brautradition ist für die heutige Firmenleitung unter Reichsgräfin Monica von Arco auf Valley eine große Verpflichtung, der sie mit einer ständigen Modernisierung der Brau- und Abfüllanlagen nachkommt. In den vergangenen Jahren investierte sie ca. 7 Millionen Euro in den Betrieb und stellte somit erfolgreich die Weichen für den größten Arbeitgeber in der Gemeinde Eichendorf. Mit der Einrichtung einer PET-Flaschen-Abfüllanlage setzte die Brauerei Arco erneut ihre innovative Firmenstrategie unter Beweis. Mit 27 alkoholfreien Getränkesorten unter dem Produktnamen "Adldorfer" sowie 15 herkömmlichen, leichten und alkoholfreien Biersorten wird die Brauerei Arco sämtlichen Ansprüchen gerecht. **www.graf-arco.de**

GERGWEIS GALGWEIS
GÖTTERSDORF OBERNDORF

Vilstalorte der Stadt Osterhofen

Im südlichen Stadtbezirk Osterhofens liegen die Vilstalorte Göttersdorf, Gergweis, Galgweis und Oberndorf an der mit über 3 Kilometern breitesten Stelle des Vilstals. Die vier ehemals eigenständigen Gemeinden zwischen Eichendorf und Aldersbach schlossen sich bei der Gebietsreform 1972 der Herzogsstadt Osterhofen an. Der Ortsteil Gergweis ist zweifellos der bekannteste der vier geschichtsträchtigen Siedlungen. Nicht nur wegen des alljährlichen Openairs, das seit 1990 bis zu 4000 Besucher anzieht, sondern auch wegen des "Internationalen Dackelclubs e.V." hat Gergweis einen überregionalen Bekanntheitsgrad erreicht. Die 1998 verstorbene Ehrenbürgerin Kathi Dorfmeister lud alle vier Jahre an den Pfingsttagen zur Dackel-Weltsiegerschau nach Gergweis ein. Bis zu 1.500 der drolligen Vierbeiner aus Europa und Übersee mit ihren "Familien" folgten dem Ruf der anerkannten Dackelexpertin ins Vilstal. Die Dackelzucht spielt heute in Gergweis keine Rolle mehr, aber der Name "Dackeldorf" lebt weiter.

Gergweis ist partnerschaftlich mit der irischen Stadt Ballybay im County Monaghan verbunden. Deshalb findet seit 1996 eine "Irish Night" im Wielandsaal statt, welche von Freunden der irischen Folkmusik aus ganz Niederbayern besucht wird. Ballybay im Norden der "Grünen Insel" ist umgeben von vielen kleinen Seen und stellt ein wahres Anglerparadies dar. Alleine 30 Seen befinden sich im Umkreis von 4 Kilometern um Ballybay.

Seite 140, links, Kirche in Galgweis. Oben, Idylle an der Vils in Gergweis. Unten, Kirche in Gergweis. Seite 141, Luftbildaufnahme von Galgweis. Seite 142, Luftbildaufnahme von Gergweis.

GERGWEIS GALGWEIS GÖTTERSDORF OBERNDORF

MUSEUM QUINTANA

Archäologiemuseum Künzing

Das Museum Quintana in Künzing, sechs Kilometer nordöstlich von Gergweis gelegen, erschließt dem Besucher die großartige Welt der Archäologie. Die Ausstellung auf drei Etagen veranschaulicht auf eindrucksvolle Weise mit Fundstücken, welche ausschließlich aus dem Gemeindegebiet stammen, die ununterbrochene Besiedlungsgeschichte von der Jungsteinzeit bis zur ersten bajuwarischen Siedlung als Gründung des heutigen Künzings.
Mit welchen Steingeräten arbeiteten die ersten Bauern im Vilstal vor 7.000 Jahren und wie sahen Fauna und Flora zu dieser Zeit aus? Die Abteilung der Jungsteinzeit zeigt anhand der monumentalen Kreisgrabenanlage von Unternberg das Leben unserer Vorfahren im 5. Jahrtausend v. Chr. auf. Die Entdeckung der Metallverarbeitung im 3. Jahrtausend v. Chr. stellte einen revolutionären Schritt in der Entwicklung der Menschheit dar. Waffen und Schmuckstücke aus der Bronze- und Eisenzeit demonstrieren die großartigen Fähigkeiten der damaligen Bevölkerung.
Das Herzstück des Museums bildet die Abteilung mit den Fundstücken aus der Römerzeit. Bereits vor 125 Jahren wurde das Kastell von Künzing entdeckt. Die Anlage reihte sich in die Linie der Kastelle ein, welche die Außengrenze des Römischen Reiches am sogenannten "Nassen Limes" entlang der Donau befestigten. Das ehemalige Hilfstruppenkastell Quintana gilt als eines der am besten erforschten römischen Militärlager nördlich der Alpen. Auf zwei Hektar Fläche bot es einer Besatzung von 500 Mann Platz. Originalwaffen und Geräte erzählen vom Leben der Soldaten. Die Erforschung der zugehörigen Zivilsiedlung brachte 2003 ein sensationelles Ergebnis. Erstmals konnte in Deutschland ein hölzernes Amphitheater nach dem großen Vorbild des Kolosseums in Rom entdeckt werden.

Einige bedeutende Fundstücke aus der Spätantike sowie kunstvolle Gewandfibeln und Schmuck als Grabbeigaben der heidnischen Bevölkerung belegen die ununterbrochene Besiedelung auch während der Zeit der Völkerwanderung bis zur ersten bajuwarischen Siedlung im frühen Mittelalter.

www.museum-quintana.de

Links, Ausrüstung eines römischen Soldaten im Hilfstruppenkastell Künzing. Rechts, Modell des 2003 entdeckten Amphitheaters in Künzing.

AIDENBACH

Markt mit bewegter Geschichte

Seite 144, links, Marktplatz mit katholischer Pfarrkirche St. Agatha. Oben, der Osterbrunnen am Marktplatz. Unten, der Bauernkämpfer als Sinnbild der Bauernschlacht 1706.

Seite 145, Blick über die hügelige Landschaft bei Aidenbach.

AIDENBACH

Der großzügige Marktflecken Aidenbach, gelegen im waldreichen niederbayerischen Hügelland, blickt auf eine über tausendjährige Geschichte zurück. Für Urlauber bietet der Ferienort mit historischer Bedeutung eine ideale Möglichkeit die ländliche Idylle der Urlaubsregion "Klosterwinkel im Passauer Land" kennen zu lernen. Eingebettet in das Vilsseitental des Aldersbachs bildet der Markt Aidenbach zusammen mit den Gemeinden Aldersbach, Beutelsbach, Fürstenzell, Haarbach und Ortenburg eine starke Tourismusgemeinschaft, die sich hervorragend auf der Homepage www.klosterwinkel.de präsentiert. Auch im Wettbewerb um den schönsten Ort im Landkreis hat Aidenbach mehrfach mit großem Erfolg teilgenommen. Bereits 1967 wurde Aidenbach wegen seiner gut ausgebauten Wander- und Radwege im romantischen Waldgebiet zwischen Vils und Rott der Titel "staatlich anerkannter Erholungsort" verliehen.

Historische Berühmtheit hat Aidenbach durch die Bauernaufstände im Jahre 1705/06 erlangt, ganz besonders durch die "Aidenbacher Bauernschlacht" am 8. Januar 1706. Denkmäler auf dem Handlberg, dem Kleeberg und beim Reschndobl sowie das Freilichtspiel "Lieber bairisch sterben ... Aidenbach 1706" erinnern an diese historische Begebenheit.

Neben einer Hauptschule sowie einem Kindergarten betreibt die Gemeinde das 2002 modernisierte Hallenbad mit Saunabereich und medizinischer Bäderabteilung. Die ausgeprägte Wirtschaft, wie. z.B. die Vielzahl von Handwerksbetrieben, das hohe Dienstleistungsangebot in allen Bereichen, gute Verkehrsverbindungen, ein großzügiges Bau- und Gewerbegebiet und die noch intak-

te Umwelt bilden die Grundlage für ideale Lebensbedingungen. Die Geriatrische Klinik als größter Arbeitgeber des Orts hat den Bekanntheitsgrad Aidenbachs enorm gesteigert. Als erste Fachklinik Ostbayerns für alte und hochbetagte Patienten verfügt die Klinik über 200 Betten mit modernster Einrichtung.

Als Markt mit Tradition kommen in Aidenbach althergebrachte Feste und Veranstaltungen nicht zu kurz. Im Veranstaltungskalender haben der bekannte Georgiritt am letzten Sonntag im April, große Märkte wie der Christi-Himmelfahrtsmarkt, der Ostermarkt, der Kathreinmarkt und der Mantelmarkt sowie das weithin bekannte und beliebte Volksfest ihren festen Termin. Der Taubenmarkt, der von 6 Uhr bis 12 Uhr jeden Sonntag Vormittag in der Vereinshalle (Rückgebäude Kirchenwirt) stattfindet, zieht die Besucher aus dem weiten Umkreis an. Der Haupttaubenmarkt findet Ende Februar/Anfang März statt und zählt zu den größten und bekanntesten in Bayern. Ein besonderes Spektakel ist das große Oldtimertreffen mit dem Umzug von mehr als 100 historischen Bulldogs zum Volksfest.

Nach dem Fall des Eisernen Vorhangs schloss der Markt Aidenbach 1992 mit der 3.500 Einwohner zählenden, tschechischen Stadt Volyne ca. 50 Kilometer hinter dem Grenzübergang Philippsreuth eine Partnerschaft. Vielschichtige Verbindungen zwischen den Vereinen beider Orte halten den Bund lebendig.

Oben, der Quellstein am Vorplatz der Pfarrkirche. Unten, die Geriatrische Klinik als erste Fachklinik Ostbayerns für hochbetagte Menschen.

Markt Aidenbach,
Landkreis Passau,
Regierungsbezirk Niederbayern

Höhe: 345 m ü. NN
Fläche: 17,19 km²
Einwohner: 3.111
Bevölkerungsdichte: 181 Einw./km²

Ortsteile: Heft, Penzing, Mistlbach, Köching, Hauptmannsberg, Hollerbach, Gunzing

Markt Aidenbach, Marktplatz 18,
94501 Aidenbach
Tel. 08543/96030, Fax 08543/960330
info@aidenbach.de
www.aidenbach.de

BAUERNSCHLACHT 1706

Lieber bairisch sterben, als kaiserlich verderben

Das Ölbild, gemalt 1863 von Jakob Grünenwald, diente als Vorlage für ein Fresko zur Bauernschlacht. (Original u. Foto: Kunstmuseum Stuttgart)

"Kanonenschüsse, Kampfgeschrei, Feuer und grausames Morden" - an den Hügeln rund um Aidenbach fand vor 300 Jahren der Volksaufstand der bayerischen Bauern gegen die kaiserliche Besatzung ein grausames Ende. Um die Gefallenen ehrend im Gedenken zu halten, findet in Aidenbach im zweijährigen Rhythmus ein Freilichtfestspiel statt.

Zum Ende des 17. Jahrhunderts brach mit dem Ableben des spanischen Königs Karl II. zwischen den beiden großen Herrscherhäusern Frankreich und Österreich im Kampf um das Erbe der Spanische Erbfolgekrieg aus, der nahezu ganz Westeuropa über 15 Jahre in Mitleidenschaft zog. Der bayerische Kurfürst Max Emanuel aus dem Hause der Wittelsbacher verbündete sich 1702 mit dem französischen König Ludwig XIV. und stand somit im Kriegsgeschehen. Die beiden ersten Kriegsjahre verliefen für Frankreich und Bayern im Krieg gegen Österreich und England zunächst äußerst vielversprechend. Nach der Besetzung Tirols durch die bayerischen Truppen zwangen die aufständischen Tiroler Bauern die Besatzer zum Rückzug und eine Niederlage folgte der anderen. Bayern wurde anschließend für zehn Jahre von den kaiserlich-österreichischen Truppen besetzt und rücksichtslos ausgebeutet. Nach der gewaltsamen Rekrutierung von bayerischen Bauern für die Kriegsschauplätze in Italien kam es zum Aufstand der einheimischen Bevölkerung.

Im Herbst 1705 sammelten sich im Vils- und Rottal junge Bauernburschen, Knechte und Handwerker aus dem Unterland und dem Innviertel unter der Führung von ehemaligen bayerischen Soldaten zu einem 5.000 Mann starken Heer. Im November wurden die Städte Braunau, Burghausen und Vilshofen eingenommen. Anfänglich konnten die aufständischen Bauern ihre schlechte Ausrüstung und Ausbildung mit ihrer zahlenmäßigen Überlegenheit ausgleichen. Am 24. Dezember scheiterten jedoch 3000 Bauern aus dem Oberland kläglich am Versuch die Lan-

deshauptstadt München einzunehmen. Sie wurden zurückgeworfen, auf dem Sendlinger Friedhof umstellt und in der "Sendlinger Mordweihnacht" vernichtend geschlagen. Von der Niederlage demoralisiert verließen viele der Aufständischen ihre Fahnen. Der letzte Versuch sich von den kaiserlichen Besatzern zu befreien endete am 8. Januar 1706 auf den Schlachtfeldern rund um Aidenbach mit einem Debakel. Tausende der Bauern wurden getötet und der Aufstand endgültig zerschlagen. An den Kuppen des Handlbergs, des Kleebergs und des Reschendobls erinnern heute Denkmäler an das Ende der Rebellion. Die Anführer wurden zum Tode verurteilt und hingerichtet. Bayern lag die folgenden neun Jahre unter kaiserlich-österreichischer Besatzung und bezahlte mit überzogenen Steuern für den verlorenen Krieg.

Im Gedenken an die Niederschlagung des Aufstandes auf den Wiesen nahe Aidenbach wird alle zwei Jahre das Freilichtspiel "Lieber bairisch sterben… Aidenbach 1706" auf der Freilichtbühne an der Hauptschule Aidenbach aufgeführt. Verschiedene Regisseure, darunter der Autor des Stückes, Peter Klewitz, Martin Winklbauer und Josef Meißner setzten das Geschehen in Szene. Weit über hundert Bürgerinnen und Bürger aus Aidenbach und Umgebung wirken in dem imposanten Schauspiel unter freiem Himmel mit. Dabei wird der verzweifelte Kampf in Massenszenen mit Bauern, Soldaten, Pferden, Feuer und Pulverdampf auf vier mit Übergängen verbundenen Bühnen realistisch nachgespielt. Zum Ende gewinnt der "Schwarze Bauer", der Tod, die Oberhand.

Vor jeder Aufführung findet ein historischer Bauernmarkt mit ca. 50 Mitwirkenden statt, der die Besucher in eindrucksvoller Weise auf die Zeit zu Beginn des 18. Jahrhunderts einstellt. Mit originalgetreuer Verköstigung, Handwerksvorführungen und dem Schauspiel der Gaukler und Spielleute ist der Bauernmarkt ein lebendiger Übergang zu den Vorstellungen des Freilichtspiels.

Links, Denkmal am Kleeberg. Unten, Spielszene des Freilichtspiels "Lieber bairisch sterben ... Aidenbach 1706".

FRIEDEMANN LIEBISCH

Nicht Formen färben, sondern Farben formen

Fantastischer Realismus: "Der runde Tisch" - ein Bild, das zum zeitkritischen Nachdenken anregt.

Geprägt von seiner Kindheit in der Oberlausitz, den Wirren des Zweiten Weltkriegs, die er als Kindersoldat im letzten Kriegsjahr erleben musste, und der Flucht aus der ehemaligen DDR entwickelte Friedemann Liebisch ein außergewöhnliches Kunstverständnis für die Malerei.

Während seiner Arbeit als Schneidermeister und technischer Betriebsleiter studierte er von 1958 bis 1967 die Malerei und verschiedene grafische Techniken; zunächst bei Studienprofessor Gunther Ullrich, der ihm zum Verständnis der modernen Malerei, insbesondere des Expressionismus führte. 1962 bis 1967 studierte er an der Pariser Akademie bei den Professoren Littna und Schnelle die Klassische Malerei und Grafik.

Seit 1982 ist Friedemann Liebisch als freischaffender Künstler tätig und stellt sein großartiges Können in vielen Stilrichtungen unter Beweis. Mit der Verlegung seines Lebensmittelpunktes aus dem Frankfurter Raum nach Aidenbach machte er sich 1994 frei vom Druck des industrialisierten Großraums, der so lange Jahre sein Leben bestimmte.

In der ursprünglichen Natur und der Ruhe der idyllischen Hügellandschaft schöpfte er die Kraft für eine neue Schaffensära im niederbayerischen Aidenbach. Mit diffizilen Mal- und Lasurtechniken pflegt er die Kombination der Farbigkeit in einem unverwechselbaren, von ihm entwickelten Stil. Aus der Intention, die Bilder mit Farben zum Leuchten zu bringen, und die Reflexion des Lichts festzuhalten, opfert er die Gegenständlich-

keit der Formen seinen intensiven Farbkombinationen. Die Faszination, eine Stilrichtung nach seinen persönlichen Neigungen zu verändern, führte ihn schließlich zum Surrealismus und zum Fantastischen Realismus. Mit der Stimmigkeit der Farben und der starken Ausstrahlung seiner Bilder zieht Friedemann Liebisch den Betrachter in den Bann seiner Kunst. Oftmals liegen seinen Werken biblische Themen zu Grunde, die er mit hoher Symbolkraft widergibt.
Der Aidenbacher Künstler präsentierte bereits in zahlreichen Ausstellungen sein Können. Die vier Bilder in der Kreuzkirche in Aidenbach mit einer Größe von bis zu drei Metern zählen zu den Höhepunkten seines Aidenbacher Schaffens.

www.friedemann-liebisch.de

Links, "Bedesta" - oft verarbeitet Friedemann Liebisch in seinen Werken biblische Themen. Unten, der Künstler bei der Signatur eines Bildes.

ALDERSBACH

Dreiklang aus Barock, Kloster und Brauerei

Seite 152, links, Luftbildaufnahme des ehemaligen Zisterzienserklosters und der Brauerei Aldersbacher. Oben, Hinweisschild am Parkplatz der Brauerei. Unten, Kreuzgang im Kloster.

Seite 153, Blick auf Aldersbach.

ALDERSBACH

Die Vilstalgemeinde Aldersbach im Herzen des niederbayerischen Klosterwinkels ist ein Erlebnis für Leib und Seele. Geprägt vom ehemaligen Zisterzienserkloster entwickelte sich Aldersbach im Landkreis Passau mit seiner 1250-jährigen Geschichte in historischer, kultureller, touristischer sowie industrieller Sicht zu einem Zentrum der Region. In Aldersbach ist noch heute der Atem des Barocks zu spüren. Ein Besuch des Klosters und der kunstvoll ausgeschmückten Asam-Kirche ist ein absolutes Muss bei einer Reise durch das Untere Vilstal. Die beiden großen Marktveranstaltungen, der historische Handwerkermarkt Anfang Mai im Rahmen des Frühlingsfestes und der Weihnachtsmarkt im Flair des Klosterhofes ziehen alljährlich Tausende Besucher an. Ein weiteres Aushängeschild der Gemeinde sind die herrlichen Wanderwege in den wildromantischen Auen des Sulzbachs, des Kollbachs und der Vils sowie der Pilgerweg Via Nova. Auch für Angler bieten die fischreichen Gewässer ein interessantes Ziel. Die Radwege im Gemeindegebiet, der Vilstal-Radweg und der Apfel-Radl-Weg sowie der Radweg von Vilshofen über Aldersbach nach Aidenbach bieten eine herrliche Möglichkeit die abwechslungsreiche Landschaft kennen zu lernen.

Neben dem Kloster als kulturhistorisches Zentrum der Gemeinde sind die Schlösser in Walchsing und Haidenburg sowie die St. Ottmars-Kirche in Kriestorf mit dem spätgotischen Flügelaltar sehenswert. Im Schloss Walchsing aus dem 15. Jahrhundert ist heute ein Gästehaus mit Übernachtungsmöglichkeit untergebracht. Der über 500 Jahre alte Schlossbau unmittelbar an der Vils wurde vollständig unter Beibehaltung des ursprünglichen Charakters renoviert. Mit dem Fischrecht auf den anliegenden 5,5 Kilometern der Vils ist die Unterkunft nicht nur für Sportangler eine hervorragende Adresse. Infos zu Aufenthalten in dem historischen Schloss sind bei der Familie Rathgeber,

Telefon 08543/652 oder 1765 erhältlich.
Das Schloss Haidenburg mit dem großzügigen Schlossgarten auf einem Höhenrücken über dem Sulzbachtal, nahe der Grenze zum Landkreis Rottal-Inn, war einst ein bedeutender Adelssitz. Das weitläufige Mischwaldgebiet mit beschildertem Waldlehrpfad im Ortsteil Haidenburg ist mit zahlreichen Feuchtbiotopen ein Schutzgebiet für Pflanzen und Tiere. Seltene Singvögel, Eulen und Kauze sind im Haidenburger Forst ebenso zu finden wie herrlich angelegte Nuss- und Kirschbaumalleen sowie Heckenlandschaften und eindrucksvolle, Jahrhunderte alte Laubwaldbestände zwischen Uttigkofen und Haidenburg.
Aldersbach wurden 1972 im Rahmen der Gebietsreform die Gemeinden Haidenburg, Walchsing und Pörndorf zugeordnet. Sechs Jahre später wurde die Gemeinde mit deren eingemeindeten Ortsteilen wieder aufgelöst und einer Verwaltungsgemeinschaft mit Aidenbach und Beutelsbach zugeordnet. Mit der angeordneten Situation völlig unzufrieden erlangten die Bürger Aldersbachs mit "passivem Widerstand" die Auflösung der Verwaltungsgemeinschaft und somit ab 1979 wieder die Selbstständigkeit als eigene Gemeinde.
Neben einigen Mittelstandsbetrieben ist in Aldersbach mit den Firmen Knorr-Bremse AG und Schaltbau AG sowie der Brauerei Aldersbacher auch die Großindustrie vertreten. Insgesamt stellt die Gemeinde Aldersbach ca. 2.000 Arbeitsplätze und trägt entscheidend zur Attraktivität der Region bei.

Seite 154, unten, das Schloss Walchsing aus dem 15. Jahrhundert wird heute als Gästehaus genutzt. Links, Marienfigur über dem Kirchenportal der Asamkirche.

Seite 155, prunkvolle Ausstattung der Kirche Mariä Himmelfahrt in Aldersbach.

Gemeinde Aldersbach
Landkreis Passau
Regierungsbezirk Niederbayern

Höhe: 329 m ü. NN
Fläche: 47,95 km²
Einwohner: 4.500
Bevölkerungsdichte: 94 Einw./km²

Ortsteile: Haidenburg, Walchsing, Pörndorf, Kriestorf, Uttigkofen

Gemeinde Aldersbach, Klosterplatz 1
94501 Aldersbach
Tel. 08543/96100, Fax 08543/961030
info@aldersbach.de
www.aldersbach.de

KNORR BREMSE AG

Schrittmacher der Bremstechnologie

Mit einem Gesamtumsatz von 3,1 Milliarden Euro im Jahr 2006 und insgesamt über 13.000 Mitarbeitern zählt der Knorr-Bremse-Konzern weltweit zu den führenden Herstellern von Bremssystemen für Schienen- und Nutzfahrzeuge. Als technologischer Schrittmacher treibt das Unternehmen seit über 100 Jahren die Entwicklung modernster Bremssysteme maßgeblich voran. Auch in den Produktfeldern Türsysteme und Klimaanlagen für Schienenfahrzeuge sowie Drehschwingungsdämpfer für Verbrennungsmotoren erarbeitete sich der Konzern eine führende Marktposition. Das 1905 von Georg Knorr in Berlin gegründete Unternehmen ist heute an rund 60 Standorten in 25 Ländern weltweit vertreten.

1980 wurde der Standort Aldersbach für die Produktion von Eisenbahnbremsgeräten gegründet und beschäftigt heute mehr als 1.000 Mitarbeiter. Auf einer Fläche von über 42.000 m² produziert das Werk für den Unternehmensbereich Systeme für Nutzfahrzeuge neben Scheibenbremsen auch das Anti-Blockiersystem ABS, das elektronische Bremssystem EBS und die elektronische Luftaufbereitungseinheit EAC. Im Jahr 2005 erreichte das Werk einen Rekordumsatz von fast 700 Millionen Euro. Der Knorr-Bremse-Konzern investierte allein in den letzten zehn Jahren über 100 Millionen Euro in den Standort Aldersbach.

Anfang der Neunziger Jahre produzierte das Werk lediglich eine Kleinserie von Scheibenbremsen für eine Bus-Applikation. Seitdem wurde die Produktion aufgrund der steigenden Nachfrage jedes Jahr deutlich ausgebaut und erreichte im Januar 2006 einen Ausstoß von mehr als 10.000 Einheiten täglich. Die Scheibenbremse von Knorr-Bremse hat auf dem europäischen Markt eine führende Position inne. Nach dem Erfolg in Europa wird das Bremssystem seit einigen Jahren auch auf dem amerikanischen Kontinent eingesetzt. So produziert und vertreibt der Knorr-Bremse-Konzern seine Produkte seit drei Jahren auch in Brasilien.

Anlässlich der Tsunami-Katastrophe in Südostasien gründete der Konzern den Verein "Knorr-Bremse Global Care e.V." mit einem Startkapital von zwei Millionen Euro. Viele Hilfsprojekte wurden seitdem bereits unterstützt und damit notleidenden Menschen geholfen. **www.knorr-bremse.de**

Links, Bremstechnologie aus dem Hause Knorr in Aldersbach. Unten, Luftbildaufnahme des Betriebsgeländes.

KLOSTER ALDERSBACH

Zisterzienserkloster / Asamkirche Mariä Himmelfahrt

Zisterzienserkloster

Das Kloster Aldersbach gilt als Juwel des bayerischen Barocks und zeigt auf beeindruckendste Art die kulturelle Leistung der Zisterziensermönche. Die Aufhebung des Klosters im Zuge der Säkularisation im Jahr 1803 brachte den Klosterbetrieb zum Erliegen. Die umfangreichen Besitztümer wie die Fischerei, die Landwirtschaft, die Wälder und das gesamte Mobiliar mit der 30.000 Bänden fassenden Bücherei wurden versteigert. Alle Versuche, das Kloster in den beiden vergangenen Jahrhunderten wieder zu beleben, scheiterten. Mit dem Ziel der Sanierung des ehemals bedeutendsten Zisterzienserklosters Bayerns, gründete sich 1983 der "Förderkreis Kloster Aldersbach e.V.". Mit einer Investition von sechs Millionen Euro aus staatlicher Unterstützung und großzügigen privaten Spenden wurde in mehrjähriger Restaurationsarbeit das gesamte Kloster renoviert und der Öffentlichkeit zugänglich gemacht. Mit der Eröffnung des kunsthistorisch bedeutenden Salomonsaals mit beeindruckenden Deckenfresken mit biblischen Szenen aus dem Leben des Königs Salomon, wurde die Sanierung im Mai 2007 abgeschlossen. Das heutige Kloster ist aufgeteilt in einen Öffentlichkeitsbereich mit Gastronomie und einer Bildungsstätte. Die ehemaligen Zellen der Mönche stehen dabei als Gästezimmer zur Verfügung. Der Bibliothekssaal, der Kapitelsaal und der Salomonsaal können dabei als Schulungs- und Se-

Links, Innenhof der Klosteranlage. Rechts, Deckenfresko in der restaurierten Bibliothek.

Links, Jonas im Walfisch - geschnitzt von Joseph Deutschmann. Rechts, Deckengemälde.

minarräume sowie für private Veranstaltungen genutzt werden. In Zusammenarbeit mit dem Internationalen Künstlerhaus Villa Concordia in Bamberg veranstaltet der Förderkreis Konzerte und Lesungen unter dem Motto "Aldersbacher Frühling" und "Aldersbacher Herbstlese".

Asamkirche Mariä Himmelfahrt

Der Eintritt in die Klosterkirche Mariä Himmelfahrt überwältigt den Besucher mit unglaublicher barocker Kunst. Bereits 1146 erbaut, wurde die Kirche im Lauf der Jahrhunderte fünf Mal umgestaltet und erhielt 1720 unter dem italienischen Bauherrn Domenico Magzin sein heutiges Aussehen. Er beauftragte die Asam-Brüder Cosmas Damian und Egid Quirin mit der prunkvollen Innengestaltung. Nach der Säkularisation diente die Klosterkirche kurze Zeit als Pferdestall und sogar der Abriss drohte ihr. 1806 wurde sie zur Pfarrkirche Aldersbachs erhoben und somit vor dem Verfall gerettet. Die Offenheit und Helligkeit des 64 Meter langen und 21 Meter breiten Kirchenschiffs sind außergewöhnlich. Mit der prunkvollen Ausstattung des mächtigen Hochaltars sowie der eindrucksvollen Gemälde und Stuckarbeiten zählt das Gotteshaus zu den großartigsten Marienkirchen Bayerns.

Ausführliche Informationen, Fotos und Öffnungszeiten sind auf den Internetseiten www.aldersbach.de und www.aldersbacher.de zu finden. Eine Führung im Kloster, in der Kirche und in der Brauerei kann unter Telefon 08543/960433 im Klosterladen vereinbart werden.

BAYERISCHE TRADITION

Aldersbacher Brauerei, Brauereimuseum, Gastlichkeit

Alderbacher Brauerei

Mit seiner über 750 Jahre alten Geschichte gehört die Aldersbacher Klosterbrauerei zu den traditionsreichsten der Welt. In den Wirren der Säkularisation erwarb die Adelsfamilie von Aretin die Brauerei und verhalf ihr zu einem neuen Aufschwung. Das Familienunternehmen verbindet Tradition und Technik im besonderen Maß und präsentiert sich heute mit einer der modernsten Abfüllanlagen, in der stündlich 26.000 Flaschen gereinigt, abgefüllt und verpackt werden. Nach den traditionellen Rezepten der Mönche werden 13 verschiedene Biersorten gebraut. Zudem stehen 13 verschiedene nichtalkoholische Getränke im Angebot. Alle interessierten Besucher lädt der Braumeister gerne zu einem Rundgang durch das Sudhaus ein und erklärt dabei die Geheimnisse der Braukunst. Eine Überraschung birgt auch der Besuch des exquisiten Klosterladens mit vielen Kuriositäten und Spezialitäten rund ums Bier. Im Rahmen des Frühlingsfestes im Klosterhof wird von einer fachkundigen Jury alljährlich die Aldersbacher Weißbierkönigin gewählt. Als Sympathieträgerin der Aldersbacher Braukunst vertritt sie die Brauerei auf Veranstaltungen und Volksfesten.

Brauereimuseum

Ein besonderes Erlebnis ist der Besuch des Brauereimuseums im Klosterhof. Im ehemaligen Sudhaus und in den Kellergewöl-

Links, Blick auf das gläserne Sudhaus der Brauerei Aldersbacher. Rechts, moderne Brauereitechnik im Gär- und Lagerkeller.

ben erwartet den Besucher eine umfangreiche Ausstellung von den Anfängen des Brauwesens bis hin zum industriellen Bierbrauen. Viele alte Werkzeuge und Maschinen aus den vergangenen Jahrhunderten sind dabei ausgestellt.

Bayerische Gastlichkeit

Der Klosterhof Aldersbach mit seinem vielfältigen Gastronomieangebot ist ein Ort der Gemütlichkeit und Geselligkeit. Das Bräustüberl, ein Kleinod der niederbayerischen Gastronomie, im ehemaligen Auditorium des Zisterzienserklosters zählt zu den außergewöhnlichsten Gaststätten Niederbayerns. Es bietet 230 Gästen in fünf verschiedenen Stüberln sowie 250 Gästen im Klostersaal Platz. Die Maß Bier holt man sich hier selber, und selbstverständlich kann man sich seine Brotzeit dorthin mitnehmen! Eine besondere Attraktion im Sommer ist auch der großzügig angelegte Biergarten im Rosengarten des Klosters. Auch das Flair-Hotel Mayerhofer am Rathausplatz verkörpert mit seiner 100-jährigen Geschichte beste niederbayerische Gasthaus- und Hoteltradition.

www.aldersbacher.de

Links und oben, das ehemalige Sudhaus und Originallagerfässer im Brauereimuseum. Unten, Kirchweihfeier im Bräustüberl.

SCHWEIKLBERG

Über den Dächern Vilshofens

Seite 162, links, Blick über die Altstadt Vilshofens auf die Benediktinerabtei Schweiklberg. Oben, die markanten Zwiebelhauben der Abteikirche. Unten, Mosaik am Kirchenportal der Abteikirche.

Seite 163, Luftbildaufnahme der Abtei Schweiklberg.

SCHWEIKLBERG

Hoch über den Dächern Vilshofens liegt der Stadtteil Schweiklberg mit dem gleichnamigen Benediktinerkonvent. Während nahezu alle bayerischen Klöster auf eine mehrere hundert Jahre alte Geschichte zurückblicken können, feierte die Abtei Schweiklberg 2004 erst ihr hundertjähriges Bestehen. Das Kloster auf dem Höhenrücken über der Donau und der Vils ist ein Ort der Stille, des Gebets und der Arbeit. Er ist beseelt vom Geist und dem Schaffen der 40 Patres und Brüder, die sich hier dem Leben mit Gott widmen. Sie arbeiten in allen Bereichen der Seelsorge, der Bildung, der Kultur, der Klosterkirche und der Verwaltung der Realschule. Auch die 150.000 Bücher zählende Klosterbibliothek, die Landwirtschaft mit 80 Hektar Ackerland und 80 Hektar Wald sowie die zahlreichen Werkstätten des Klosters werden von den Brüdern betreut. Der Benediktinerorden und das Kloster Schweiklberg sind seit jeher mit der Missionstätigkeit verbunden. Derzeit wirken zwölf Patres und Brüder aus der Abtei in Tansania, Südafrika und Kolumbien und erfüllen dort nicht nur pastorale Aufgaben, sondern helfen auch bei dem Bau und Unterhalt von Krankenhäusern und Schulen.

Das St. Beda-Haus als Gäste- und Bildungshaus innerhalb der Abtei verfügt über 50 Einzel- und 14 Doppelzimmer sowie ver-

schiedene Tagungs- und Gruppenräume. Hier werden Pilger, die auf dem Pilgerweg VIA NOVA unterwegs sind, sowie Radfahrergruppen und auch Einzelgäste nach Voranmeldung aufgenommen. Die "Gäste im Kloster" können dabei nach ihrer persönlichen Stille suchen, das Kloster kennen lernen und am Chorgebet teilnehmen.

87 klingende Register und 5670 Pfeifen - mit der Klais-Orgel in der Abteikirche beherbergt das Kloster Schweiklberg eine der weltweit großartigsten Orgeln. Sie ist ein direkter Ausdruck der Wertschätzung der hochstehenden benediktinischen Tradition für Liturgie und Musik. Das beinahe unbegrenzte Repertoire von Möglichkeiten der drei integrierten Orgeln wird von drei unterschiedlichen Spieltischen aus bedient, wovon nur einer sämtliche 5670 Pfeifen ansteuern kann.

Auch als Schulstandort hat das Kloster Schweiklberg Tradition. Mit der Entscheidung, sich 1999 vom humanistischen Progymnasium mit Internat und Missionarsseminar zu verabschieden, wurde der Weg frei für die neu eingeführte sechsstufige Realschule. Mit dem umfassenden Umbau der bestehenden Lehrräume sowie dem Neubau eines Schultraktes mit modernen und praxisorientierten Fachräumen wurde 2003 schließlich der großen Nachfrage der Schüler Rechnung getragen. Herausragend ist dabei die Einrichtung der "Penthouse-Etage" mit 70 EDV-Arbeitsplätzen in den ehemaligen Internatsräumen.

Besonders stolz ist man im Kloster auf die völlig autarke Energieversorgung. Unter dem Motto "weg von fossilen Energieträgern" wird mit einem Wasserkraftwerk an der Vils eine Jahreskapazität von 1,4 Megawatt produziert. Ein 100 Quadratmeter großer Sonnenkollektor sorgt für die thermische Aufbereitung des Brauchwassers. Weiter ist eine 1.200 Quadratmeter große Photovoltaikanlage zur Stromgewinnung mit einer Leistung von 140 Kilowatt in Betrieb. In den Wintermonaten wird der gesamte Energiebedarf mit Hilfe einer Hackschnitzelheizung abgedeckt. Die Abtei kann ihren Strom- und Wärmebedarf zu 100 Prozent selbst erzeugen und speiste 2006 zusätzlich 900.000 kWh ins öffentliche Stromnetz ein.

www.schweiklberg.de

Oben, Lichtinstallation bei der Vollmond-Orgelnacht in der Abteikirche.

AFRIKAMUSEUM

Geheimnisvoll und faszinierend

Bereits der erste Blick in das großzügig ausgestattete Schwarzafrika-Museum im Kloster der Missionsbenediktiner Schweiklberg nimmt den Besucher in den Bann der geheimnisvollen afrikanischen Völkerkunde. Über 1000 grotesk und unheimlich wirkende Ausstellungsstücke aus Ländern Ost- und Südafrikas bilden das größte Museum für afrikanische Kunst- und Völkerkunde in Süddeutschland und zeugen von faszinierenden Maskenaufzügen sowie dem Leben des Jahrtausende alten afrikanischen Stammes- und Ahnenkults.

Die meisten Waffen, wie Schwerter, Kampfbeile, Lanzen, Sichel- und Wurfmesser, Dolche, Pfeile und Schilder dienten dabei weniger dem Kriegs- und Verteidigungszweck, sondern waren vielmehr repräsentative Würdezeichen der Häuptlinge und Stammesführer. Die zahlreichen Prunkwaffen, der kunstvolle Schmuck, reich beschnitzte Musikinstrumente und ein mit 800.000 kleinen Glasperlen bestickter Königsmantel der Yoruba (heute Nigeria) geben dem Betrachter einen Einblick in den geheimnisvollen Stammeskult afrikanischer Völker. Einen weiteren Schwerpunkt der umfassenden Ausstellung bilden Tanz- und Ahnenmasken, wertvolle Ebenholzschnitzereien, Tierpräparate, Töpferarbeiten sowie Fruchtbarkeitssymbole.

Entstanden ist das bereits seit Jahrzehnten bestehende Missionsmuseum aus "Mitbringseln" von heimkehrenden Missionaren aus Ost- und Südafrika. Durch Geschenke von Gönnern und Leihgaben aus Privatsammlungen wuchs in den vergangenen Jahren eine außergewöhnliche Sammlung an. Seit 1990 werden im neu gestalteten Museumsraum, der ehemaligen Seminarkapelle, 1100 afrikanische Kunst- und Völkerkundeobjekte ausgestellt. Das Museum ist werktags und sonntags von 13.30 bis 17 Uhr geöffnet. Unter Telefon 08541/2090 kann man sich zur Führung anmelden und Informationen erhalten.

Mit über 1000 Ausstellungsstücken zählt das Schwarzafrika-Museum zu den umfangreichsten Sammlungen afrikanischer Kunst in Deutschland.

SCHWEIKLBERGER GEIST

Aus den Kräften der Natur

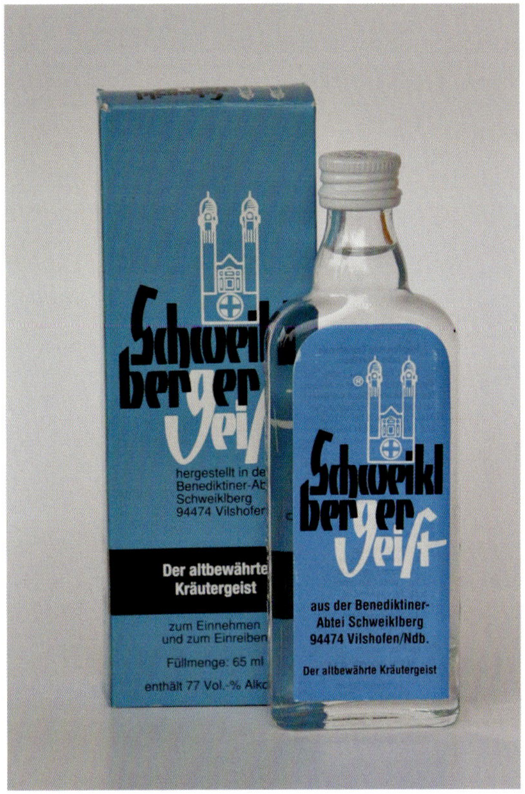

Ihm wird nachgesagt, dass er Hals- und Beinbrüche und sogar Ehebrüche heilen könne. Die Rede ist vom "Schweiklberger Geist", einem seit 1922 im Kloster Schweiklberg hergestellten Heilkräuter-Destillat. Das bewährte Hausmittel ist bei Freunden der natürlichen Medizin nicht aus der Hausapotheke wegzudenken.

Um die Herstellung des Schweiklberger Geistes mit einer gesetzlich geschützten Rezeptur wird von Seiten der Mönche kein großes Geheimnis gemacht. Die Kräuter und Gewürze Muskat, Nelken, Zimt, Wacholder, Enzian, Kalmus und Ginseng werden gemahlen und zwei Wochen lang in fast 100-prozentigem Alkohol eingelegt. Eine aus Melisse und Zitronenschalen hergestellte Essenz wird vor dem zweitägigen Destilliervorgang beigemischt.

Die Geburtsstunde des "Schweiklberger Geistes" schlug Anfang der Zwanziger Jahre, als Abt Coelestin im Juni 1921, auf der Suche nach einem wirtschaftlichen Standbein für seine Missionsabtei, eine gebrauchte Obstbrennerei erwarb. Die Rezeptur des "Schweiklberger Geistes" erstand er von einem in Konkurs geratenen Schnapsfabrikanten. So verließen nach einigen Versuchen 1922 die ersten Flaschen des 77 Prozent alkoholhaltigen Heilkräuterdestillats die Geistbrennerei im Kloster. Auch unter der Androhung des Konzentrationslagers und der Hinrichtung wurde das patentierte Rezept in den Jahren des Zweiten Weltkriegs geheimgehalten.

Eine neue Abfüllanlage erleichtert seit 1997 die Arbeit der beschäftigten Brüder. In der vierten Brennmeistergeneration werden heute je nach Bedarf vier bis fünf Mal jährlich ca. 12.000 Flaschen des heilsamen Geistes hergestellt und bis nach Sibirien verschickt. Der "Schweiklberger Geist" kann online auf der Homepage www.schweiklberg.de bestellt oder im Klosterladen sowie in Apotheken erworben werden. Weitere Informationen sind im "Geistbüro" unter Telefon 08541/209183 erhältlich.

Rechts, mit dem Brennkessel aus den 20er Jahren wird heute wie damals der "Schweiklberger Geist" hergestellt.

VILSHOFEN
an der Donau

Am Fluss der Zeit

Seite 168, links, die Häuserfassaden der Altstadt in Inn-Salzach-Bauweise. Oben, Donaubrücke und Uferpromenade bei Nacht. Unten, Volksfestauszug.

Seite 169, Blick über das Rollfeld des Flugplatzes, die Donau und die Altstadt Vilshofens auf die Benediktinerabtei Schweiklberg.

VILSHOFEN

Unter dem Motto "Vilshofen - am Fluss der Zeit" präsentiert sich die "kleine Drei-Flüsse-Stadt" an der Mündung der Vils, der Wolfach und der Pfudrach in die Donau von ihrer schönsten Seite. In der 17.000 Einwohner zählenden, größten Stadt im Landkreis Passau pulsiert das Leben in vielen Bereichen. Die lebendige Kultur und die greifbare Geschichte sind in Vilshofen ebenso präsent wie der sanfte Tourismus und ein abwechslungsreiches Freizeitangebot. Der mittelalterliche Stadtplatz mit den verspielten Fassaden der anliegenden Bürgerhäuser in Inn-Salzach-Bauweise bildet das Zentrum des Ortes. Den idyllischen Stadtplatz begrenzt auf der einen Seite der historische Stadtturm von 1643, sowie gegenüberliegend die Pfarrkirche St. Johannes. Ein Spaziergang durch die Stadt und zurück über die Donaupromenade bietet eine herrliche Möglichkeit, das romantische Flair Vilshofens kennen zu lernen.

Ohne Übertreibung darf die Stadt Vilshofen von sich behaupten, dass nicht viele Veranstaltungen in der weiteren Umgebung bekannter sind als das Promenadenfest "Donau in Flammen" und der "Schwimmende Christkindlmarkt". Letzterer wurde im Jahr

Links, Blick über die Altstadt auf die Donau. Rechts, die Donaugasse.

2006 deutschlandweit prämiert und bei dem Wettbewerb "Deutschland - Land der Ideen" als Sieger ausgezeichnet. Es sind aber nicht nur diese beiden Veranstaltungen, die Vilshofen überregional bedeutend erscheinen lassen. Es ist die Symbiose aus Tradition und Moderne, die man hier zu kombinieren weiß. Der Wettbewerb "Kunst in der Altstadt" ist hierfür ein überzeugendes Beispiel. Weitere Höhepunkte sind das traditionelle Volksfest mit dem großen Festzug und das Fischerstechen, das im Juli 2007 erstmals mit großem Erfolg wieder auflebte. Sei es die Stadtgalerie mit jährlich mehrmals wechselnden Ausstellungen im Stadtturm, das 800 Besucher fassende Atrium als kultureller Veranstaltungsort, die internationalen Musik- und Kabaretttage im Oktober sowie der Skulpturenrundgang - Kunst und Kultur sind in vielen Bereichen der Stadt gegenwärtig.

Das große Sport- und Erholungsangebot runden den hohen Freizeitwert Vilshofens ab. Das Freizeitzentrum mit Eisstadion, Hallenbad, Solebad, Dampfbad, Sauna und Solarium sowie das Freibad mit Großwasserrutsche und Sprungturm bieten sowohl für leistungsorientierte Sportler als auch für Familien ideale Möglichkeiten.

Auch der Erholung in der nahen Natur wird in Vilshofen ein hoher Stellenwert zugesprochen. Es scheint, als wolle sich die Vils mit dem artenreichen Landschaftsschutzgebiet Vils-Engtal kurz vor der Mündung in die Donau mit einem besonderen Geschenk verabschieden. Nachdem das Tal der Vils auf den letzten 4 Kilometern noch bis 1943 für den Abbau von Granit genutzt wurde, hat die Natur die ehemaligen Steinbrüche Stück für Stück wieder zurück erobert. Seit 1997 steht die sehenswerte Vielfalt an Flora und Fauna unter Naturschutz und bildet einen interessanten Gegenpol zum nahen Stadtleben.

Auch im Bildungsbereich kann Vilshofen mit einem vielfältigen Angebot glänzen. Neben den sechs Kindergärten und dem Montessori-Kinderhaus ist das komplette schulische Angebot von Grund-, Haupt-, Förder- und Realschule sowie einem Gymnasium und einer Montessori-Grundschule vertreten. Weiter ist eine Physiotherapeutenschule, eine Berufsfachschule für Kinderpflege und Hauswirtschaft sowie eine private Berufsfachschule für Beschäftigungs- und Arbeitstherapien in Vilshofen ansässig. Die staatliche Fachschule für Glasbautechnik, die Fachakademie für Hauswirtschaft und die aktive Volkshochschule spiegeln das weite Spektrum des Bildungsangebots wider.

Mit der Verleihung des "Qualitätspreises für Wirtschaftsfreundlichkeit" des Bayerischen Wirtschaftsministeriums durfte die Stadt Vilshofen im März 2007 die höchste Wirtschaftsauszeichnung für Kommunen entgegen nehmen. Die Anerkennung wurde für

Oben, Promenadenfest "Donau in Flammen". Unten, Stadtpfarrkirche Johannes Baptist.

den überdurchschnittlich hohen wirtschaftlichen Stellenwert für Selbstständige, Mittelständler und Industriebetriebe verliehen. In Zusammenarbeit mit der Wirtschaftsförderabteilung der Regierung von Niederbayern ist die Flexibilität bei der Betreuung von Firmen im Rahmen ihres Betriebsansiedelungswunsches herausragend in der Region. Nicht nur der günstige Kaufpreis von Industriegrund, sondern auch die Schnelligkeit bei der Umsetzung von Bauvorhaben ist beispielhaft. Die hervorragende Infrastruktur mit Anschluss an die Bahnlinie Passau - Regensburg und an die Autobahn A3 sowie der Flughafen für düsen- und propellergetriebene Flugzeuge vor den Toren der Stadt erhöhen die Attraktivität des Standorts Vilshofen.

Stadt Vilshofen an der Donau
Landkreis Passau
Regierungsbezirk Niederbayern

Höhe: 309 m ü. NN
Fläche: 86,36 km²
Einwohner: 16.513
Bevölkerungsdichte: 191 Einw./km²
Ortsteile: Pleinting, Alkofen, Aunkirchen, Zeitlarn, Sandbach, Albersdorf, Schönerting

Stadt Vilshofen an der Donau,
Stadtplatz 27, 94474 Vilshofen an der Donau
Tel. 08541/2080, Fax 08541/208290
info@vilshofen.de
www.vilshofen.de

VILS-ENGTAL

Naturschutzgebiet mit bewegter Vergangenheit

Das Vils-Engtal ist der letzte Flussabschnitt der Vils auf einer Länge von ca. 4 Kilometern vor der Mündung in die Donau. 1988 wurden große Teile der dortigen Hangwälder von der Stadt Vilshofen mit Unterstützung durch den Landkreis Passau und den Bayerischen Naturschutzfonds angekauft, um die dortige Artenvielfalt und landschaftliche Schönheit zu erhalten.

Die Geschichte dieses Flussabschnittes zeigt aber zunächst eine ganz andere Nutzung. Etwa ab der zweiten Hälfte des 19. Jahrhunderts wurde dort, in 15 verschiedenen Steinbrüchen, besonders harter Granit abgebaut. Dieser wurde für den Bau von Eisenbahnlinien, für Brückenbauten und als Pflasterstein verwendet. Ein Industriebahnnetz zum Materialtransport, zahlreiche Werkhütten für die Steinbearbeitung, eine Schotterquetsche, diverse Betriebsgebäude und Wohnbauten, ja sogar eine "Taferlwirtschaft" entstanden. Die Einrichtung der Bahntrasse Vilshofen - Aidenbach und des großen Verladebahnhofs sind als Höhepunkt dieser Epoche anzusehen. Bis zu 300 Arbeiter waren zu dieser Zeit in den Steinbrüchen beschäftigt.

Ab dem 19. Jahrhundert wurde im Vils-Engtal die Energiegewinnung aus Wasserkraft konsequent ausgebaut. Man musste feststellen, dass das Grundwasser zu sehr in die Steinbrüche drückte und ein weiterer Granitabbau unrentabel wurde. Der Fluss und das Tal änderten sich grundlegend. Insgesamt drei größere, noch heute betriebene Wehranlagen, wurden aus ehemals einfachen Mühlen gebaut und die Vils aufgestaut. Der Fluss verlor dadurch viel an Dynamik - aber auch viel von seinem Schrecken, da die alljährlichen Hochwässer reguliert werden konnten.

In den letzten 50 Jahren konnte die Natur das Vils-Engtal wieder zurück erobern. Völlig ungestört begannen Pflanzen und Tiere kahle Steinbruchflächen, mit Wasser gefüllte Abbaustellen, große Abraumhalden und gerodete Hänge wieder zu besiedeln. Bei einem Spaziergang oder einer Radtour kann man die besondere Atmosphäre und die landschaftliche Vielfalt des Vils-Engtales genießen. 1997 wurde das Tal zum Naturschutzgebiet erklärt und begeistert Naturfreunde mit seiner sehenswerten Artenvielfalt auf seine ganz besondere Weise.

Christian Eberle

Blick von der Flussinsel bei Mattenham in das Naturschutzgebiet.

SKULPTURENPARK

Einmalig in Bayern

Unten, "Donauwelle trifft Vilswelle" aus Granit von Gabriele Berger. Rechts, "Weg für tausend Gedanken" von Günther Joachimsthaler.

1994 begann man in der Stadt Vilshofen an der Donau mit einem Wettbewerb Künstler aus Bayern, Österreich und Tschechien anzuwerben, die jeweils mit einem vorgegebenen Material Objekte in der Altstadt ausstellen. Im Zweijahresrhythmus wechselten sich dabei immer zehn Künstler ab. Man begann in den ersten beiden Ausstellungsjahren mit Stahl und Metall - damals von vielen Bürgern als "Schrunst" bezeichnet. "Schrott statt Kunst" lautete so manche hämische Bemerkung in Anbetracht der vor sich hinrostenden Kunstwerke. Trotzdem entwickelte sich daraus ein unglaublich ausgeprägtes Kunstverständnis in der kleinen Donaustadt. Deshalb legte man alle 24 Monate zuerst mit "Stein", mit "Holz" und schließlich mit "Glas" nach. Nach den eher traditionellen Materialen und einer kleinen Pause folgte mit dem Thema "Licht" eine große Herausforderung, die in verschiedenen Illuminationen in der Altstadt zu finden ist und sich hervorragend in die vielschichtig beleuchtete Stadt einfügt.

Schon Albert Einstein sagte 1917: "Den Rest meines Lebens werde ich darüber nachdenken, was Licht ist". Viele Jahre später gab er zu: "Fünfzig Jahre intensiven Nachdenkens haben mich der Antwort nicht näher gebracht; natürlich bildet sich heute jeder Wicht ein, er wisse die Antwort. Doch da täuscht er sich!". In Vilshofen an der Donau denkt man auch darüber nach, macht sich aber nicht zu viel Kopfzerbrechen, sondern lebt gern mit der Kunst, die einen umgibt. Von all den Skulpturenparks wurden jeweils ein oder zwei Objekte von der Stadt Vilshofen angekauft und durch viele andere öffentliche Kunstwerke ergänzt. So entstand die Kulturstadt, die sich nun mit zwei Galerien

im historischen Stadtturm und im Alten Rathaus sowie dem natürlich gewachsenen Skulpturenpark in der Altstadt präsentiert. Keine vergleichbare Stadt in dieser Größenordnung hat soviel Kunst und Kultur, gepaart mit einer unvergleichlichen Städtebausanierung in der Altstadt, zu bieten. Selbst größere Städte blicken häufig neidvoll nach Vilshofen und bitten um Anleitung derartiger Kunstwettbewerbe. Albert Asen

Politischer ASCHERMITTWOCH

Institution mit Wurzeln in Vilshofen

Der politische Aschermittwoch bezeichnet traditionell die am Aschermittwoch stattfindenden lokalen und regionalen Versammlungen der großen deutschen Parteien, bei denen es meist zu einem derben rhetorischen Schlagabtausch kommt.

Die Wurzeln des politischen Aschermittwochs liegen bereits im 19. Jahrhundert: 1850 trafen sich bayerische Bauern erstmals in Vilshofen an der Donau zum jährlichen Viehmarkt und diskutierten dabei auch schon immer die Politik - speziell die königlich-bayerische. Als eigentliches Geburtsjahr des politischen Aschermittwochs gilt das Jahr 1919, als der Bayerische Bauernbund erstmals zu einer Kundgebung aufrief. Von da an war dies vor allem das Forum verschiedener Bauernparteien, bis es zur Propagandaveranstaltung der NSDAP wurde. Erst 1946, als die Bayernpartei die Gründungsveranstaltung des Ortsvereins auf den Aschermittwoch legte, war die Aschermittwochskundgebung wieder in demokratischer Hand. Als die CSU schließlich 1953 unter der Führung von Franz Josef Strauß ihren ersten politischen Aschermittwoch in Vilshofen durchführte, wurde er endgültig zu einer bundesweit anerkannten Institution. Heiße Wortgefechte zwischen ihm und dem Vorsitzenden der Bayernpartei waren keine Seltenheit und erhöhten den Unterhaltungswert der eigentlich politischen Veranstaltung enorm. Schließlich wurde 1975 der berühmte Wolferstetter-Keller in Vilshofen an der Donau zu klein, und die CSU zog nach Passau in die Nibelungenhalle (seit einigen Jahren die Dreiländerhalle) um. Seither tagt die bundesdeutsche SPD in der Traditionsgaststätte in Vilshofen an der Donau und bietet alljährlich hochkarätige Redner bis hin zum ehemaligen Bundeskanzler Gerhard Schröder auf. Die Bayernpartei veranstaltet ihr Aschermittwochstreffen ebenfalls immer noch in Vilshofen, während die Grünen, die FDP und die Linkspartei im nahe gelegenen Passau ihre Kundgebungen abhalten.

Albert Asen

Der Bayerische Ministerpräsident Franz-Josef Strauß winkt nach einer Rede bei einem politischen Aschermittwoch den jubelnden Zuhörern zu. Im Hintergrund Erwin Huber als stellvertretender CSU-Generalsekretär.

Berühmte VILSHOFENER

Groll / Augenthaler / Arbinger

Bronzetafel in der Altstadt Vilshofens zur Erinnerung an Josef Groll.

Josef Groll

Es ist sicherlich schwierig, sogenannte "Berühmtheiten" festzulegen, aber zweifelsohne - und da werden die meisten Bayern zustimmen - ist hierzu der Vilshofener Braumeister Josef Groll zu nennen, der die Biersorte Pilsner Bier erfand, die sich bis heute großer Beliebtheit erfreut. Geboren 1813 in Vilshofen holten ihn die Pilsner brauberechtigten Bürger im Jahr 1842 in ihre Heimatstadt. Dort wurde bis dato das so genannte Oberhefenbier obergärig gebraut. Qualität und Haltbarkeit waren derart schlecht, dass sogar mehrere Fässer des Bieres öffentlich ausgeschüttet wurden. Deshalb wollte man dort bayerisches, untergäriges Bier. Groll nannte sein Bier deswegen auch Urquell, und es kam bei der Bevölkerung sofort gut an. Nach seiner Erfindung ging er alsbald in seine Heimat zurück, wo er am 22. Oktober 1887 im Alter von 74 Jahren am Stammtisch im Wolferstetter-Keller beim Genuss seiner großen Leidenschaft, dem Bier, verstarb. Die Grollsche Brauerei in Vilshofen existiert nicht mehr - zum Teil ging sie aber in einer Vilshofener Brauerei, der Brauerei Wolferstetter, auf, die heute ein nach ihm genanntes "Josef-Groll-Pils" herstellt.

Alfred Arbinger

Alfred "Fred" Arbinger, ehemaliger Spieler des FC Bayern München und Tennis Borussia Berlin. 1976 gehörte er zur Bayern-Mannschaft, die dank eines 0:0 im Rückspiel gegen Cruzeiro Belo Horizonte den

Weltpokal gewann. 2003 kam Fred Arbinger als Nachwuchstrainer für die A-Junioren zum SV Wacker Burghausen und feierte dort 2006 mit dem Aufstieg in die Junioren-Bundesliga seinen größten Erfolg. Seit Januar 2007 ist er Team-Manager der Zweitliga-Mannschaft des SV Wacker Burghausen - als Nachfolger von Markus Schupp.

Klaus Augenthaler

Der bekannteste Sportler Vilshofens aber dürfte der ehemalige Fußballspieler und heutige Erstligatrainer Klaus "Auge" Augenthaler sein. Er spielte nach seiner Zeit beim FC Vilshofen 404 Spiele in der Fußball-Bundesliga für Bayern München und wurde mit den Bayern sieben Mal Deutscher Meister und drei Mal DFB-Pokalsieger. Von 1983 bis 1990 spielte er in der Deutschen Nationalmannschaft und nahm an zwei Weltmeisterschaften teil. Der Höhepunkt seiner Karriere war sicherlich der Gewinn der Fußballweltmeisterschaft 1990. Insgesamt spielte er 27 Spiele für das Nationalteam. Das besondere Markenzeichen des Liberos war sein ungewöhnlich harter Schuss.

Albert Asen

Die beiden sportlichen Aushängeschilder Vilshofens: links, Klaus Augenthaler; rechts, Alfred Arbinger.

PILGERWEG VIA NOVA

Wegweiser ins 21. Jahrhundert

Gerade die Mischung aus dem Spirituellem, dem Spaß am Einkehren und den Sehenswürdigkeiten macht die Wanderung auf dem VIA NOVA zum Erlebnis.

Sei es der Weg zu den Quellen des Ganges, die Umrundung der Kaaba in Mekka oder der Jakobsweg nach Santiago de Compostella: Pilgerreisen sind in allen Religionen fest verwurzelt und erfreuen sich gerade in jüngster Zeit zunehmender Beliebtheit. Zahlreiche alte Pilgerwege wurden in den vergangenen Jahren wiederentdeckt und bieten ihren Begehern die Möglichkeit eine kleine Auszeit zu nehmen, um mit Leib und Seele die Heimat und Natur zu genießen.

"Die längste Reise ist jene zu sich selbst" - unter diesem Motto wurde 2004 der europäische Pilgerweg VIA NOVA über 280 Kilometer vom niederbayerischen Metten nach St. Wolfgang im Salzburger Land erschlossen. Vorbei an zahlreichen kulturellen, kirchlichen und landschaftlichen Sehenswürdigkeiten führt der VIA NOVA-Weg in fünf Teiletappen, deren Begehung ca. je eine Woche beansprucht, auf alten Pilgerwegen zum Ziel. Mal schweigend, mal im Gespräch erleben die Pilger des VIA NOVA-Weges eine hervorragende Möglichkeit die Heimat kennen zu lernen und die Schönheit der Natur zu entdecken. Gerade die Mischung aus dem Spirituellen, dem Spaß am Einkehren und den Sehenswürdigkeiten macht die Wanderung zum Erlebnis.

Von Künzing und Schweiklberg kommend trifft der VIA NOVA in Vilshofen auf das Vilstal. Vorbei an landschaftlich herrlich gelegenen Rastplätzen begleitet der Weg die Vils bis Aldersbach und führt weiter nach Ortenburg und Bad Griesbach. Dem Projektträger auf bayerischer Seite, dem katholischen Landesvolkshochschulverband war es ein besonderes Anliegen alle Glaubensrichtungen mit dem Weg anzusprechen.

Zur Betreuung der Pilger stehen zertifizierte Wegbegleiter mit einem fundierten Wissen über die Orte, den Weg und die Sehenswürdigkeiten für die Gruppen bereit. Wer sich nicht alleine auf die Reise begeben möchte, kann unter der Leitung ausgebildeter VIA NOVA-Pilgerwegbegleiter mit Gleichgesinnten eines der zahlreichen Themen- und Terminangebote nutzen. Das aktuelle Angebot von Wanderungen ist auf der Homepage aufgelistet und ausführlich beschrieben.

Als Unterkünfte dienen die ausgewählten VIA NOVA-Herbergen, die auf die Versorgung der Tagesgäste bestens eingerichtet sind. Das Kartenset aus dem Verlag Freytag & Berndt, bestehend aus einem Nord- und Südteil sowie einer Freizeitbroschüre über die einzelnen Orte entlang des Pilgerwegs, bietet hervorragende Informationen.

www.pilgerweg-vianova.eu

KINOFILM GRENZVERKEHR

Roadmovie aus dem Vilstal

Joseph M´Barek als Hunter, Andreas Buntscheck als Wong und Ferdinand Schmidt-Modrow als Schilcher in der Schlussszene mit "ihrem" Nachwuchs.

Die Filmindustrie hat das niederbayerische Vilstal bisher stark vernachlässigt. Nur selten wählten die Produzenten diesen Landstrich als Schauplatz für abendfüllende Filme. Lediglich die Fernseh-Kultserie "Irgendwie & Sowieso", die in den 80er Jahren unter anderem in Velden gedreht wurde, fällt einem ein, dann noch Rüdiger Nüchterns "Schluchtenflitzer" über die dörfliche Mopedjugend der 70er Jahre sowie etliche kritische Heimatfilme nach Vorlagen von Georg Lohmeier wie etwa der Streifen "Wer Knecht ist, soll Knecht bleiben", der in den 90er Jahren zum Teil beim Mooser-Wirt in Gebensbach aufgenommen wurde. Zur selben Zeit entstanden die ersten Kurzfilme des Studenten Stefan Betz, der auf einem Einödhof nahe Vilsbiburg aufgewachsen ist. Der 1970 geborene Betz feierte mit seinen autobiographisch angehauchten Streifen "Sommergeschäfte" sowie "Kümmel&Korn", die in der Vilsbiburger Gegend spielten, erste Erfolge. 2005 schaffte der junge Autor den Sprung ins Kino. Seinen ersten Spielfilm "Grenzverkehr" drehte er zum Teil in Gerzen und Frontenhausen, was insofern stimmig war, als sich die Komödie mit dem Erwachsenwerden und den pubertären Nöten der Dorfjugend beschäftigt. Viele Kritiker waren angetan und lobten den Film als "unterhaltsames Roadmovie" sowie als "wunderbaren Sommerfilm", der "Spiegel" würdigte ihn gar als ein bayerisches Kuriosum. Betz schildert darin das haarsträubende Abenteuer dreier Dorfbuben, die eines Tages mit ihren Mofas nach Tschechien aufbrechen, um dort in einem Bordell erste Erfahrungen zu sammeln. Letztlich erleben sie freilich ein Fiasko, und schließlich müssen sie auch noch einer hochschwangeren Anhalterin als Geburtshelfer beistehen. Die Geschichte thematisiert die Probleme des Erwachsenwerdens aus einer ironischen Sichtweise, wobei Mentalität, Landschaft und Lebensgefühl auf dem niederbayerischen Land sehr authentisch mitschwingen. Damit der Film in seiner komödiantischen Absicht überhaupt funktionieren kann, werden die dunklen Seiten der Prostitution im deutsch-tschechischen Grenzgebiet weitgehend ausgeblendet. Betz verzichtet aber nicht auf die moralische Komponente. Die drei Helden erfahren auf ihrer Reise immerhin, dass Frauen keine Ware sind. Wie bei sämtlichen Kurzfilmen von Betz war der Vilsbiburger Thomas Blieninger auch bei "Grenzverkehr" Ausführender Produzent. Die beiden Filmemacher engagierten neben den jugendlichen Hauptdarstellern Andreas Buntscheck, Joseph M'Barek und Ferdinand Schmidt-Modrow auch erfahrene Schauspieler wie Saskia Vester und Dana Vavrova, was die Zuschauer letztlich honorierten. Fast 150.000 Kinobesucher haben den Film gesehen, er landete damit in den Kinocharts des Jahres 2005 weit vorne im Spitzenfeld. Zweifellos hat auch der Publikumserfolg von "Grenzverkehr" den Boden bereitet für den Aufschwung des jungen bayerischen Films und vor allem für den Erfolgsstreifen "Wer früher stirbt, ist länger tot" von Marcus H. Rosenmüller.

Hans Kratzer

Mit der Bekanntschaft der hübschen Alicia, dargestellt von Henriette Richter-Röhl, geraten die drei Ausreißer in ein weiteres Abenteuer. (Beide Fotos: copyright Ronny Lang / d.i.e.film.gmbh)

GOLF

Die Sportart mit dem besonderen Reiz

Ob naturverbundene Entspannung oder wettkampforientierter Leistungssport - keine andere Sportart konnte in der jüngsten Zeit solch hohe Zuwachsraten verzeichnen wie der Golfsport. Mit der 9-Loch-Anlage in Vilsbiburg und der 18-Loch-Anlage in Reisbach haben sich auch im Vilstal zwei Golfzentren etabliert. Der besondere Reiz der über 500 Jahre alten Sportart liegt wohl darin, "einen viel zu kleinen Ball mit völlig ungeeignetem Werkzeug in ein viel zu kleines Loch zu befördern", wie Winston Churchill die Kunst des Golfens einst umschrieb.

Golfclub Vilsbiburg

Mit den ursprünglichen Platzgegebenheiten auf dem herrlich gelegenen 9-Loch-Platz des Golfclubs Vilsbiburg kommen nicht nur naturverbundene Golfer auf ihre Kosten. Während anderenorts aufwändige Bodenmodellierungen und künstliche Arrangements den Golfer herausfordern, sind es hier die natürlichen Platzverhältnisse mit den naturbelassenen Gräben und Altwässern, die das sportliche Können und das strategische Geschick fordern. Eine Driving Ranch mit überdachten Abschlägen, ein 3-Loch-Kurzplatz sowie eine Pitching Area und Putting Greens stehen weiter als Übungsgelände zur Verfügung.

Das Golfstüberl mit Biergarten und guter Küche lädt nach einer Runde zur Einkehr ein. Wer den naturnahen 9-Loch-Platz einmal live erleben und sich mit den abwechslungsreichen Platzverhältnissen auseinandersetzen möchte, ist im Golfclub Vilsbiburg herzlich willkommen!

www.gc-vilsbiburg.de

Golfclub Schlossberg

Die 18-Loch-Anlage des Golfclubs Schlossberg bei Reisbach lässt auch bei professionellen Golfern keine Wünsche offen. Eingebettet in die Hügellandschaft des mittleren Vilstals ist der Platz mit seinen Schräg- und Hanglagen eine echte sportliche Herausforderung. Die natürlichen Gegebenheiten wurden hervorragend umgesetzt und mit Biotopen, Wasser- und Sandhindernissen ergänzt. Die älteste 18-Loch-Anlage Ostbayerns mit Driving Ranch, Pitching Area und Putting Greens zählt nach wie vor zu den schönsten Golfplätzen im weiten Umkreis. Das Restaurant San Michele im Clubheim lädt in stilvollem Ambiente nach einer Runde auf dem Platz ein. Ein Sonnenuntergang mit toskanischem Flair mit Blick von der Terrasse des Restaurants auf die Hügel des Golfplatzes belohnt die Golfer nach der anspruchsvollen Runde. In Schnupperkursen, Einzel- und Gruppentraining wird im Golfclub Schlossberg professioneller Golfsport unterrichtet. Mit der Übernachtungsmöglichkeit im Clubhaus ist der Golfplatz bei Greenfee-Spielern aus ganz Deutschland sehr beliebt.

www.golfclub-schlossberg.de

Seite 182, die naturbelassenen Gräben fordern das sportliche Können und das strategische Geschick am Golfplatz Vilsbiburg.

Seite 183, oben, das Clubhaus des Golfclubs Schlossberg. Unten, Herbststimmung an den Hanglagen des Golfplatzes Schlossberg bei Reisbach.

MÜHLEN IM OBEREN VILSTAL

Handwerkskunst mit Tradition

Wer im Oberen Vilstal nach Mühlen Ausschau hält, der wird die Entdeckung machen, dass die Große Vils früher schon auf den ersten 25 Kilometern ihres Laufes mit vielen Mühlen besetzt war. Von dieser Vielzahl sind nur noch wenige übrig geblieben, die ihren Betrieb als Mahl- oder Mehlmühle aufrecht erhalten haben. Das allgemeine Mühlensterben, das nach 1945 einsetzte, brachte auch in dieser Gegend den Stillstand der Mühlräder, Mahlstühle und Mühlsteine mit sich. Meist blieben nur noch die Gebäude als stumme Zeugen, die von einer Zeit künden, als noch die Handwerkskunst eines Müllermeisters und sein ganzes Gewerbe in hohem Ansehen stand.

Die Vils wurde als nutzbringendes Gewässer schon unweit ihres Ursprungs bei Seeon in den Dienst des Menschen genommen. In Kronsöd bei Hofkirchen trieb die Vils, dort mehr einem Bach als einem Fluss gleichend, die erste Mühle in ihrem Lauf an, gefolgt von weiteren Mühlen in Mühlberg und Babing, die jeweils nur in Sichtweite voneinander entfernt lagen. In Siebmühl, nur wenig unterhalb von Taufkirchen gelegen, war schon die Siebenzahl an Mühlen erreicht, nicht eingerechnet die Zahl der Betriebe an den Nebenbächen. Auf dem weiteren Weg in Richtung flussabwärts waren früher in der Nähe Veldens auch die Schöllamühle oder die Einäuglmühle Orte des Kommens und Gehens, wo die Bauern mit ihren Getreidesäcken vorfuhren und das gemahlene Mehl wieder abholten.

Lassen sich die Orte des Geschehens noch durch eine Reihe vorhandener Gebäude fixieren, so sind durch Abbruch eine Grabmühle bei Taufkirchen, die Teufelsmühle in Babing oder die Limmermühle nicht mehr existent.

In Velden ändert sich das Bild. Hier ist noch in einem Ein-Mann-Betrieb das ganze

Mühlenleben im Gange. Die dortige Burgermühle kann mit ihrer zeitgemäßen Ausstattung und ihren gesicherten Absatzmöglichkeiten auch ihren Mann ernähren. Eine dann schon von der Größe eher mittelständische Mühle wird in Untervilslern erreicht, wo die dortige Hackermühle auch einen Hinweis liefert, dass der Landkreis Landshut zu den mühlenreichsten Landkreisen in ganz Deutschland zählt.

Manche Mühlen führten früher gleichsam ein Doppelleben, indem sie als Mehl- und Sägemühle betrieben wurden. Geblieben ist in solchen Fällen des öfteren nur die Sägemühle, wie beispielsweise die Betriebe in Aham oder Kirchlern, beide im Nahbereich Taufkirchens gelegen. Mancherorts nützen die vormaligen Müller oder deren Nachkommen ihre Wasserrechte nur noch in der Weise, mit dem aufgestauten Wasser eine Turbine zu betreiben, die dann als Kleinkraftwerk der Stromerzeugung dient.

Die Mühle in Kögning bei Steinkirchen könnte sich mit ihrer fast kompletten Ausstattung als Mühlenmuseum präsentieren, während die Mühle in Babing nahe der Bundesstraße B15 mit einer schon historischen Besonderheit aufwarten kann, wo die Mahlweise mit Bodenstein und darüber befindlichem Läuferstein noch einmal augenfällig gemacht werden könnte.

Von dem in den letzten 50 Jahren zahlenmäßigen Rückgang der Mühlenbetriebe war wie viele andere Regionen das Obere Vilstal in besonderer Weise betroffen. Die dort angesiedelten Betriebe waren überwiegend

Kleinbetriebe, die im Zeitalter der aufkommenden Großmühlen und Großbäckereien keine Überlebensmöglichkeit hatten. Erfüllten sie früher fast in jedem Dorf ihre wichtige Funktion der Lebensmittelsicherung, so führte der Weg nach 1950 in die immer fortschreitendere Bedeutungslosigkeit und vielfach zur Notwendigkeit der Stilllegung. Allein die Mahlleistung mancher Mühle war einfach zu gering, um im Wettbewerb zu überstehen. Manche Mühlen im Vilstal brachten es nur zu einer Tagesleistung von 10 Zentnern Getreide, andere zu 20 Zentnern, im besseren Fall bis zu 60 Zentnern. Solche Größenordnungen waren nicht mehr zeitgemäß, wenn man allein die heutige durchschnittliche Mahlleistung einer Mühle zugrunde legt, die bei etwa 25.000 Tonnen pro Jahr liegt. Bei den Gründen der Stilllegung wird auch einfach auf das Ausbleiben der Bauern verwiesen, die mit den Jahren immer weniger Knechte, Mägde und Dienstboten und somit weniger Mehl brauchten.

Hubert Kemper

Seite 184, Müllermeister Reinhold Hacker an den Walzenstühlen in der Kunstmühle Hacker in Untervilslern. Seite 185, bis 1964 verrichteten die Mahlgänge ihre Arbeit in der Neumühle in Dombach bei Hinterskirchen.

LANDWIRTSCHAFT

Das Vilstal - ein blühendes Bauernland

Der "Flieger" wird zur Ernte von Gurken mit bis zu 24 Erntehelfern besetzt.

Um 5600 v. Chr. besiedelten die ersten Bauern aus dem Donautal das Vilstal. Sie rodeten die Wälder, säten Felder an und verwandelten das Vilstal in das, was es seither ist - blühendes Bauernland. Erst durch Rodung und anschließender landwirtschaftlicher Nutzung entstand der "offene" Charakter des Flusstales. Überschwemmungen lassen im mittleren Vilstal wenig Ackernutzung zu, und so blieb dort das Vilstal bis heute als weitläufige Wiesenlandschaft erhalten. Während noch vor Jahrzehnten das ganze Vilstal überwiegend mit Grünland genutzt wurde, ist infolge der stark rückläufigen Anzahl Rinder haltender Betriebe der Ackerbau immer mehr im oberen und unteren Vilstal vorgedrungen.

Voraussetzung für die Wiesennutzung ist auch in Zukunft, dass die Wiesen weiterhin gemäht und beweidet werden, andernfalls würde sich der Wald das Tal wieder "zurückerobern". Die Erhaltung dieses reizvollen Landschaftsbildes hängt also unmittelbar von der Rinderhaltung, insbesondere von der Milchwirtschaft ab. Allerdings nicht mehr ausschließlich. Rechnete man bisher mit einer Veränderung der Wiesenlandschaft, wenn sich die Rinderhaltung nicht mehr lohnt, so tritt jetzt die Bioenergieerzeugung auch auf Wiesen in Konkurrenz zur landwirtschaftlichen Nutzung und zur reinen Nahrungsmittelproduktion. Die aktuelle Verbesserung des Milcherzeugerpreises ist jetzt ein positives Signal für Landwirte im Vilstal, um die Rinderhaltung und Milchproduktion im Vilstal weiterhin aufrecht zu erhalten. Arbeiten in Niederbayern die Hälfte der Landwirte bereits viehlos, sind dies im oberen Vilstal nur wenige. Sind jetzt 10 % der landwirtschaftlichen Flächen bereits in der Energieschiene, so ist wegen der großen Expansion im Biogassektor mit einer weiteren Wanderungsbewegung von Flächen aus der reinen Nahrungsmittelproduktion in den Bereich "Nachwachsende Rohstoffe" zu rechnen. Trotz hoher Steigerungsraten beim Absatz von Bioprodukten im Nahrungsmittelbereich stagniert die Zahl der Betriebe bei ca. 4 %, welche auf ökologischer Basis erzeugen. Der momentane Nachfrageboom bei konventionell erzeugtem Getreide auf den Weltmärkten, lässt den Preisunterschied zur ökologisch erzeugten Ware dahinschmelzen. Die europäische WRRL (Wasserrahmenrichtlinie) verlangt von den Landwirten im Einzugsbereich der Vils eine gewässerschonende Landbewirtschaftung durchzuführen. Das vom Wasserwirtschaftsamt Landshut z. Zt. betreute und von der EU geförderte EU-Projekt ILUP (Integrated Land Use Planning and River Base Management) an der mittleren Vils erfordert ein nachhaltiges Management von Wasserresourcen.

Die Vils ist ein Fluss des tertiären Hügellandes, ihr Einzugsgebiet entwässert ca. 1500 Quadratkilometer (15 %) der Fläche Niederbayerns in die Vils bzw. nach Nordosten in Richtung Donau. Die Klimabedingungen sind im Vilstal mit rund 700 mm Niederschlägen und einer durchschnittlichen Jahrestemperatur von 7,3° C sehr günstig. Die mittlere Temperatur während der Vegetationszeit bewegt sich um 12 °C. Diese Klimawerte erlauben den sicheren Anbau von Silo- und Körnermais, Zuckerrüben und Kartoffeln aber auch von Feldgemüse im unteren Vilstal im Bereich ab Frontenhausen-Marklkofen im Landkreis Dingolfing-Landau. Im Sommer zum Zeitpunkt der Gurkenernte ist der "Flieger", eine Erntemaschine, die bis zu 24 Erntehelfern, meist polnische Saisonkräfte, Platz bietet, eine charakteristische Maschine im Vilstal. Ein Großteil des geernteten Gemüses wird direkt vor Ort in hier ansässigen Konservenfabriken verarbeitet. Die Vermarktung von Gurken und Zwiebeln erfolgt in ganz Deutschland und Europa. Im Vilstal werden aber auch auf Hunderten von Hektar Weiß- und Blaukraut, Rote Beete, Kürbis und Erdbeeren angebaut. Weiterhin werden Knollensellerie, Blumenkohl, Chinakohl und Kopfsalat in größerem Umfang kultiviert. Bei Einlegegurken ist Niederbayern das größte Anbaugebiet in Europa. In größerem Ausmaß wurde der Gemüsebau während des Zweiten Weltkrieges zum Zwecke der Ernährungssicherung mit staatlichen Auflagen begründet. Später gab es für das erzeugte Gemüse, auch wegen der Nachfrageänderung nach Nahrungsmitteln, auf dem Frischmarkt nicht mehr genügend Absatz. Ein Ausweg bot der Anbau von Gemüse für die Konservierung. In dieser Zeit wurden viele der heute im Gebiet ansässigen Konservenbetriebe von Gemüsebauern gegründet. Vertriebene brachten nach dem Krieg das "Gewusst wie" der Verarbeitung und die Rezepturen ein. Jakob Ossner

BRAUEREIEN

Hopfen und Malz, Gott erhalt´s

In der Guts- und Brauereigenossenschaft Taufkirchen, dem Lang Bräu in Reisbach, der Brauerei Graf Arco in Adldorf, der Aldersbacher Brauerei, dem Brauhaus Aidenbach und dem Wolferstetter Bräu in Vilshofen wird im Vilstal Bier gebraut.

Um die Brauereien im Vilstal ist es bei weitem nicht so schlecht bestellt, wie es die oft gehörte Schlagzeile vom "Brauereisterben" vermuten lässt. Natürlich haben auch im Vilstal einige Brauereien ihre Produktion aus den verschiedensten Gründen in den vergangenen Jahren einstellen müssen, aber gerade in letzter Zeit erleben die noch verbliebenen einen Aufschwung. Dafür gibt es die verschiedensten Gründe! Bei all diesen Brauereien scheint das Konzept aus sehr guter Qualität der Biere und geschicktem regionalem Marketing voll und ganz aufzugehen. Da fragt man sich doch, warum ein Bier von außerhalb Bayerns trinken, wenn die regionale Biervielfalt so viel zu bieten hat! Aber nun zurück zu unserem wunderschönen Vilstal und seinen Brauereien.

Wenn man vom Ursprung der Vils in Richtung Mündung ausgeht ist die erste Brauerei in Taufkirchen anzutreffen. Die Guts- und Brauereigenossenschaft, die in dieser Form seit 1917 besteht, ist ein moderner Betrieb, dessen Biere man in den regionalen Getränkemärkten bzw. Gaststätten oder der Brauerei selbst beziehen kann. Direkt neben der Brauerei befindet sich im historischen Kellergewölbe das Bräustüberl. Für die sonnigen Tage gibt es einen Biergarten, in dem "Groß und Klein" stets gut versorgt werden.

Die 1670 gegründete Brauerei Lang in Reisbach ist der zweite Stopp auf dem Weg entlang der Vils. Die beste Möglichkeit, um die Biere dieses Familienunternehmens zu testen, ist der Schlappinger Hof in Reisbach, der über eine sehr gemütlich eingerichtete Gaststube und einen wunderschönen Biergarten verfügt, der einen praktisch zum Einkehren zwingt.

In der beschaulichen Marktgemeinde Eichendorf-Adldorf befindet sich mit der "Gräflichen Brauerei Arco-Valley" die wohl bekannteste Brauerei des Vilstals. Zur Verkostung der Biere eignet sich am Besten das alljährlich im Juli im Schlosspark stattfindende Parkfest. Eine weitere Besonderheit sind die in der eigenen Brennerei hergestellten Schnäpse, die aber nur von der Brauerei direkt bezogen werden können.

Die Brauerei mit der längsten Tradition im Vilstal trifft man in Aldersbach an. Das von Zisterziensermönchen im Jahre 1268 gegründete Kloster begann mit der Bierbrautradition in Aldersbach und wurde nach der Säkularisation im Jahre 1811 von Adam Freiherr von Aretin fortgesetzt. Bis zum heutigen Tag wird in den ehemaligen Klosteranlagen ein hervorragendes Bier gebraut, das man am Besten an Ort und Stelle im angrenzenden Bräustüberl probiert.

Etwas abgelegen am Rande des Vilstals zwischen Vils und Rott befindet sich der Marktflecken Aidenbach, in dem die Familie Wörlein seit 1913 das Brauhaus Aidenbach betreibt. In der dazugehörigen Gaststätte wird man erstklassig mit bayerischen Schmankerln und dem brauereieigenen Bier versorgt.

Am Ende des Vilstals angekommen trifft man in Vilshofen auf den Wolferstetter Bräu, der als letzte von ursprünglich sechs Brauereien übrig geblieben ist. Die Familie Huber bewahrt mit ihren zahlreichen Biersorten die über 400-jährige Brautradition der Stadt, aus der auch der Brauer Joseph Groll hervorging, der sich 1842 nach Pilsen aufmachte, um dort das erste sogenannte Pilsener zu brauen. In einer Stadt mit solcher Brautradition findet man natürlich überall Gelegenheit, um sich das Wolferstetter Bier schmecken zu lassen.

Also, rauf aufs Rad oder rein ins Auto mit der Familie und die Wirtshäuser und Biergärten im Vilstal mit ihren regionalen Bieren erkunden. Denn nicht nur andere können sich mit ihrem Bier sehen lassen, auch im Vilstal ist in dieser und anderer Hinsicht einiges geboten!

Bernhard Lehrhuber

Tradition und Moderne liegen in den heute bestehenden Brauereien im Vilstal eng zusammen: Abfüllanlage der Aldersbacher Brauerei, Festgespann der Brauerei Wolferstetter.

BAYERISCHES BRAUCHTUM

Aber heid is koid, aber heid is koid ...

Die Schäfflertanzgruppe der Faschingsgesellschaft Velden feiert 2008 das 100-jährige Jubiläum der Veldener Schäffler.

"Aber heid is koid, aber heid is koid, aber heid is sakramentisch koid" eilt das Schäfflerlied den Tanzgruppen durch die Straßen voraus. Mit der Aufführung des Schäfflertanzes wird in den Gemeinden Taufkirchen (2005, 2012), Velden (2006, 2013), Frontenhausen (2005, 2012) und Pleinting (2007, 2012) ein besonders schönes Stück bayerischen Brauchtums lebendig. Der Schäfflertanz erinnert zum einen an die Handwerkszunft der Schäffler und zum anderen an die Volksseuche Pest im Mittelalter.

Wenn auch als Vorlage für den Tanzablauf der Originaltanz des Münchner Schäfflervereins gilt, hat sich in jedem der Orte eine eigene Tanzfolge entwickelt. Mit den Figuren der Laube, des Mühlrades, dem Kreuzen, der Krone als absoluten Höhepunkt des Tanzes, dem Fassschlagen mit Schlangentanz und dem abschließenden Reifenschwingen begeistern die Schäfflertanzgruppen in der Faschingszeit das Publikum. Natürlich darf zum Schluss der Spottvers des Kasperls, bei dem der Spender des Tanzes auf´s Korn genommen wird, nicht fehlen. Oftmals bilden sich regelrechte Fangruppen, die den Schäfflern von einem Tanzplatz zum nächsten folgen. Ein fester Bestandteil des Tanzes sind auch die Kasperl, die mit ihren Späßen und Einlagen die Zuschauer zum Lachen bringen, ebenso wie die traditionelle Blasmusik als Begleitung zum Tanz.

Der Ursprung des Schäfflertanzes liegt im Jahr 1517, als in München die Pest auf grausame Weise wütete. Die Tore zur Stadt waren geschlossen und niemand bekam ohne genaue Untersuchung Zutritt. Auch nachdem die Pest ausgerottet schien, trauten sich die Leute nicht auf die Straße. Ein einfallsreicher Schäfflergeselle überzeugte seine Zunftfreunde von seiner Idee, die Bevölkerung mit einem fröhlichen Tanz aus den Häusern zu locken. Bald erklang in den Straßen fröhliche Musik und die Menschen kamen aus ihren Häusern hervor, um sich den Tanz der Schäffler mit ihren buchsgeschmückten Reifen anzusehen. Vor dem Haus des "Himmelschäfflers", heute Sport Scheck, in der Färbergasse in München wurde damals der erste Tanz aufgeführt.

Links, die Taufkirchener Schäfflertanzgruppe der Freiwilligen Feuerwehr. Rechts, die Schäfflertanzgruppe der Freiwilligen Feuerwehr Pleinting beim Einzug in den Stadtplatz Vilshofens.

FREILICHTMUSEUM MASSING

Niederbayerisches Bauernhofmuseum

Der 1812 erbaute Einfirsthof Marxensölde verkörpert als eine von sechs Hofstellen die bäuerliche Baukultur der vergangenen Jahrhunderte im Freilichtmuseum Massing.

In den bäuerlichen Siedlungen und Hofstellen des Vilstals liegt das Erbe der Menschen, die hier vor Jahrtausenden das Land unter schwierigen Bedingungen besiedelten. Aus den ersten Pfahlbauten zur Zeit der Landnahme 5.000 v. Chr. entwickelten sich die typischen Vierseithöfe der drei vergangenen Jahrhunderte. Nur wenige komplette Bauernhöfe, die in der Zeit zwischen 1700 und 1950 erbaut wurden, haben die Jahre überdauert und dienen heute als Zeugen der bäuerlichen Kultur. In den noch bestehenden Bauernhäusern, Stallungen, Stadeln und "Troadkästen" spiegeln sich die großartige Baukunst und der durchdachte Umgang mit den wenigen zur Verfügung stehenden Baumaterialien wider.
Das "Museum für ländliches Siedlungswesen in Niederbayern", das Freilichtmuseum in Massing, dokumentiert in beeindruckender Art das Leben und die Arbeit auf dem Bauernhof. Das Museum mit der Gaststätte ist von März bis Oktober geöffnet und lädt mit einem abwechslungsreichen Rahmenprogramm und Ausstellungen zu einem kurzweiligen Besuch ein.
Die typische Hofform im südlichen Niederbayern im 19. Jahrhundert und Anfang des 20. Jahrhunderts wird als der "Rottaler Vierseithof" bezeichnet. Die vier im rechten Winkel angeordneten Hofgebäude umschließen einen Innenhof, in dem sich der Misthaufen befindet. Der klassische Vierseithof besteht aus dem Wohngebäude, in dem oft auch der Pferde- oder Ochsenstall untergebracht war, dem Stadel, der meist gegenüber dem Wohnhaus stand, einem Kuh- und Schweinestall sowie einem Schupfen mit aufgesetztem Getreidekasten zur Seite des Bauernhauses. Außerhalb des Hofverbands steht der Backofen, der bei großen Anwesen mit einem eigenen Waschhaus kombiniert war. Brechhäuser, die zum Dörren und Brechen des Flachses dienten, sind heute ausschließlich fotografisch dokumentiert.
Während die Stadel, Stallungen und "Troadkästen" im Bundwerk-, Blockwerk- oder Ständerriegelbau mit strohgedeckten Dächern errichtet wurden, erhielten die Wohnhäuser oftmals ein gemauertes Erdgeschoss mit aufgesetztem Blockbau. Die noch bestehenden, bis zu 400 Jahre alten Bauernhöfe im Freilichtmuseum Massing vermitteln als Zeitzeugen, wie bescheiden und einfach deren Bewohner damals lebten. Während die Bäuerin und der Bauer mit ihren Kindern zusammen in einem Zimmer oder sogar einem Bett nächtigten, schliefen die Knechte und Mägde nicht selten im Stall bei den Tieren.

www.freilichtmuseum.de

Die alten Hofstellen sind teils mit der Originaleinrichtung erhalten.

AUF DER SPUR UNSERER VORFAHREN

Niederbayerisches Archäologiemuseum Landau

Im Kastenhofmuseum in Landau ist auf eindrucksvolle Weise die Besiedelungsgeschichte Niederbayerns dargestellt.

Per Mausklick durch die Vergangenheit - das Niederbayerische Archäologiemuseum in Landau an der Isar macht es möglich. Die Art und Weise, wie die ältesten vorgeschichtlichen Fundstücke im Kastenhof, einem ehemaligen Herzogsschloss der Wittelsbacher, präsentiert werden, macht das Museum zu einer besonderen Attraktion. Durch den Einsatz moderner Computertechnik kann der Besucher interaktiv die Vorgeschichte Niederbayerns erkunden - museumsdidaktisch besonders auch für Kinder gedacht.

Die Zweigstelle der Archäologischen Staatssammlung München gilt als eines der modernsten Museen in Deutschland und wurde 1997 mit dem Europäischen Museumspreis ausgezeichnet.

Aufgeteilt in vier Abteilungen auf 650 Quadratmetern Ausstellungsfläche gibt das Museum einen Überblick auf die Vor- und Frühgeschichte Niederbayerns. In einem einführenden Teil erkundet man die "Welt der Archäologie". Hier lernt man die Arbeitsweise des Archäologen kennen und die Bedeutung der naturwissenschaftlichen Nachbardisziplinen. Auf einer Bühne im Giebel des Raumes erklären mehrere Diatonschauen auf einfache Art die Arbeit des Luftbildarchäologen.

Die erste Abteilung zeigt den langen Weg unserer Vorfahren vom Jäger zum Bauern. Verschiedene Ausstellungsstücke wie der Nachbau eines 5.500 Jahre alten Hauses im Maßstab 1:1 machen die Ausstellung lebendig. In der anschließenden Abteilung unter dem Thema "Denken und Glauben - Magie und Religion" erhält der Besucher einen Eindruck von der religiösen Vorstellung unserer Vorfahren. Ein im Block geborgenes, 4.200 Jahre altes Männergrab, der älteste Goldfund Bayerns sowie ein keltischer Goldschatz mit 360 "Regenbogenschüsselchen" zählen zu den vielen Exponaten. Anschließend steht die Entwicklung der ersten Stadtanlagen mit Handwerkern, Händlern, Soldaten sowie dem aufkommenden Schriftwesen im Mittelpunkt der Ausstellung. Die Zeichen des frühesten Christentums, die ersten Kirchen und die Abstammungsgeschichte der Bajuwaren schließen den Rundgang ab.

In einem eigenen Raum für experimentelle Archäologie werden unter fachkundiger Leitung Techniken der Vorzeit wieder lebendig. Feuer machen, Bogenschießen, Getreide mahlen und Brot backen, Spinnen und Weben sowie das Töpfern und Brennen von Keramiken sind Beispiele der angebotenen Möglichkeiten. Wechselnde Sonderausstellungen, die Museumspädagogik und verschiedene Fortbildungsveranstaltungen ergänzen das Angebot. Höhepunkt des Museumsjahres ist das jeweils Ende August stattfindende Keltische Bierfest.

Das Museum am Oberen Stadtplatz ist Dienstag bis Freitag von 10 Uhr bis 16 Uhr sowie Samstag und Sonntag von 10 Uhr bis 17 Uhr geöffnet.

www.kastenhof.landau-isar.de

Bei Ausgrabungen im Innenhof eines römischen Landguts wurde 1993 ein umfangreiches Materialdepot entdeckt.

MITARBEITER

Albert ASEN .... Vilshofen an der Donau
Kulturamtsleiter Stadt Vilshofen an der Donau, Textbeiträge: politischer Aschermittwoch, Skulpturenpark, Vilshofener Persönlichkeiten;

Hildegard AUSSERBAUER-SEIBL .... Landau
Redaktionsleiterin Vilstalbote, Textbeiträge und Fotos: Erwin Huber, Vilstalbote;

Peter BARTEIT .... Vilsbiburg
Vorsitzender Heimatverein Vilsbiburg, Textbeitrag: Heimatmuseum Vilsbiburg;

Alexandra BAUMÜLLER .... Tiefenbach
Digitale Bildbearbeitung;

Christian EBERLE .... Vilshofen an der Donau
Leiter der Tourist-Information Vilshofen an der Donau, Textbeitrag:Vils-Engtal;

Lambert GRASMANN .... Vilsbiburg
Leiter des Heimatmuseums Vilsbiburg, Kreisheimatpfleger, Textbeitrag: Kröninger Hafnerei;

Hubert KEMPER .... Taufkirchen
Lehrer i.R., Heimatkundler, Textbeitrag: Mühlen im Oberen Vilstal;

Hans KRATZER .... Velden
Redakteur Süddeutsche Zeitung, Textbeiträge: Zwischen Großer und Kleiner Vils, Kinofilm Grenzverkehr, Barockschloss Neufraunhofen;

Birgit LANG .... Moosen/Vils
Journalistin, Fotografin, Textbeiträge: Taufkirchen, Wasserschloss Taufkirchen, Himolla, Weltmeister u. Olympiateilnehmer;

Bernhard LEHRHUBER .... Velden
Brauer, Textbeitrag: Brauereien;

Klaus LEIDORF .... Buch am Erlbach
Luftbildarchäologe, www.leidorf.de, Luftbildaufnahmen;

Franz LEUTNER .... Dorfen
Leiter der Höhenberger Werkstätten, Textbeitrag: Höhenberg;

Helmut NANEDER .... Landshut
Untere Naturschutzbehörde Landkreis Landshut, Fotos und Textbeitrag: Natur;

Jakob OSSNER .... Velden
Textbeitrag: Landwirtschaft;

Michael PENZKOFER .... Aham
Vorsitzender Nepalhilfe Aham, Textbeitrag: Schwester Frances;

Berthold RIEDEL .... Grießenbach
Landschaftsökologe, Textbeitrag: Flusslauf;

Stefan SCHÜTZE .... Velden
Verlagsmitarbeiter Vilstalbote, Redaktion und Layout;

Harald SCHWARZ .... Vilsbiburg
Journalist, PR-Berater, Pressesprecher Rote Raben, Textbeitrag: Rote Raben;

Elmar STÖTTNER .... Landshut
Redakteur, Pressesprecher des Landkreises Landshut, Textbeitrag: Geschichte;

Rudolf STRASSER .... Landshut
Keramikliebhaber und -sammler, Textbeitrag: Markus Rusch;

BILDNACHWEIS

o = oben, u = unten, l = links, r = rechts

Abtei SCHWEIKLBERG .... Vilshofen
167 r;
Markt AIDENBACH .... Aidenbach
149 u;
Brauerei ALDERSBACHER .... Aldersbach
161 u r;
Alfred ARBINGER .... Vilshofen
177 r;
Albert ASEN .... Vilshofen
191 r;
Hildegard AUSSERBAUER-SEIBL ...... Landau
128;
BAYERN-PARK GmbH .... Reisbach
130 r, 131 r;
Barbara BRAND .... Lichtenhaag
94;
BENTLOHNER Ferienhof .... Reisbach
121;
Elisabeth ESTERL .... Reisbach
129;
Förderkreis JUNGE MUSIK ...... Geisenhausen
80, 81;
Claudia GEILERSDORFER .... Vilsbiburg
68 l, 68 r;
GIRNGHUBER GmbH .... Marklkofen
120 r;
Wilhelm GRÄSSLE .... Vilsbiburg
12, 54 l, 55, 56 l, 56 r, 57 r, 62, 63 l, 63 r, 138;
Florian GRUBER .... Aham
104, 105 l;
Andreas HASAK Photographie .... Vilsbiburg
182;
Johann JUNGBAUER .... Geisenhausen
10, 65, 70 l, 74 l, 74 o, 74 u, 76, 187 o, 187 u;
Ingrid KAINZ .... Aidenbach
151 r;
KNORR-BREMSE AG .... München
157 l;
Dr. Ludwig KREINER .... Landau
136 l, 136 r;
Kunstmuseum STUTTGART .... Stuttgart
148;
Birgit LANG .... Moosen
38 l, 40 o, 40 u, 42 l, 42 r, 43 l, 43 r, 44, 191 l;
Peter Georg LAUDI www.laudi-foto.de .. Vilshofen
27, 37, 164 o, 168 o, 168 u, 170 l, 170 r, 171 o, 189 r;
Lebensgemeinschaft HÖHENBERG .... Velden
51;
Ronny LANG / d.i.e.film.gmbh .... München
180, 181;
Klaus LEIDORF www.leidorf.de ..... Buch a. Erlb.
8/9, 15, 24 l, 24 o, 24 u, 25, 26 u, 28 o, 39, 41, 45, 49, 50 l, 57 l, 58, 64 o, 67, 70 u, 72 u, 73, 75, 77, 86 o, 87, 90 o, 93, 98 o, 101, 109, 116 o, 117, 120 l, 123, 127, 134 o, 134 u, 135, 139, 140 u, 141, 142, 147, 152 l, 156, 157 r, 163, 165, 171 u, 172, 197;
Friedemann LIEBISCH .... Aidenbach
150, 151 l;
Max-Joseph Graf von MONTGELAS .... Gerzen
92 o, 96;
Helmut NANEDER .... Landshut
5, 17, 18 l, 18 o, 18 u, 19, 20 l, 20 r, 21, 22, 23 l, 23 r;
ORTMAIER-DRUCK GmbH .... Frontenhausen
111;
Michael PENZKOFER .... Aham
102 l, 102 r;
PÖSCHL Tabak GmbH .... Geisenhausen
79;
Museum QUINTANA .... Künzing
143 r;
Markus RUSCH .... Velden
52 l, 52 r, 53;
Richard SATTLER .... Vilsbiburg
60;
Stefan SCHÜTZE .... Velden
6, 13, 16, 26 o, 28 l, 28 u, 29, 31, 34 l, 34 o, 34 u, 35, 36, 38 o, 38 u, 46 l, 46 o, 46 u, 47, 48 o, 48 u, 50 r, 54 o, 54 u, 59, 64 l, 64 u, 66 l, 66 o, 69, 70 o, 71, 72 o, 78, 84 l, 84 o, 84 u, 85, 86 u, 88, 89, 90 l, 90 u, 91, 92 u, 95, 98 l, 98 u, 99, 100 o, 100 u, 103 l, 103 r, 106 l, 106 o, 106 u, 107, 108, 110, 112 r, 112 l, 113, 114 l, 114 o, 114 u, 115, 116 u, 118, 119, 122, 124 l, 124 o, 124 u, 125, 126 l, 126 r, 130 l, 131 l, 132 l, 132 o, 132 u, 133, 137, 140 l, 140 o, 143 l, 144 l, 144 o, 144 u, 145, 146 o, 146 u, 149 o, 152 o, 152 u, 153, 154 u, 154 o, 155, 158 l, 158 r, 159 l, 159 r, 160 l, 160 r, 161 l, 161 o, 162 l, 162 o, 162 u, 164 u, 166 l, 166 o, 167 l, 168 l, 169, 173, 174 l, 174 r, 176, 183 o, 183 u, 184, 185, 186, 188, 189 l, 190, 192, 193, 194, 195, 198, 200;
Martin STECKERMEIER .... Velden
33;
Tourismusverband Ostbayern ..... Regensburg
32;
ULLSTEIN Bild .... Berlin
175, 177 l;
Universitätsbibliothek .... Heidlberg
30;
Verein VIA NOVA .... Seekirchen, Österreich
178, 179 l, 179 r;
Karl-Heinz WALLNER .... Eichendorf
2;
Martin WEBER .... Vilsbiburg
61, 97;
Erich WINKLER .... Geisenhausen
82, 83 l, 83 o, 83 u;
Rudolf WINKLER .... Aham
105 r;

Vils